墨香财经学术文库

贵州商学院重点学科会计硕士建设项目资助

U0656669

风险管理视域下企业内部控制困境分析与路径优化研究

Research on the Dilemma Analysis and Optimization Path of Enterprise
Internal Control from the Perspective of Risk Management

赵肖瑞 著

东北财经大学出版社
Dongbei University of Finance & Economics Press

大连

图书在版编目（CIP）数据

风险管理视域下企业内部控制困境分析与路径优化研究 / 赵肖瑞著. —大连：东北财经大学出版社，2024.10. —（墨香财经学术文库）. ISBN 978-7-5654-5435-6

Ⅰ. F272.3

中国国家版本馆 CIP 数据核字第 2024JU2526 号

东北财经大学出版社出版发行

大连市黑石礁尖山街 217 号　邮政编码　116025

网　　　址：http://www.dufep.cn

读者信箱：dufep@dufe.edu.cn

大连永盛印业有限公司印刷

幅面尺寸：170mm×240mm　字数：203 千字　印张：14　插页：1
2024 年 10 月第 1 版　　　　　　2024 年 10 月第 1 次印刷
责任编辑：王　玲　赵宏洋　周　晗　责任校对：那　欣
　　　　　吴　茜　孔利利
封面设计：原　皓　　　　　　　版式设计：原　皓
定价：69.00 元

前言

近年来，我国企业财务舞弊、违规经营、风险失控事件时有发生：恒丰银行违规为股东企业兜底垫付本息合计40亿元，医药企业广誉远提前确认收入、错误处理费用，恒大地产虚增收入5 600多亿元、虚增利润920亿元，盛屯矿业虚增收入等。这些事件发生的主要原因可归结为风险管理和内部控制的失效。企业内部控制与风险管理已经成为理论界和实务界关注的焦点。健全内部控制体系、完善风险管理，已经成为企业持续经营和可持续发展的必然选择。

在这样的背景下，2024年国务院国有资产监督管理委员会（下称"国资委"）发布了《关于做好2024年中央企业内部控制体系建设与监督工作有关事项的通知》，2023年财政部、中国证监会联合发布了《关于强化上市公司及拟上市企业内部控制建设推进内部控制评价和审计的通知》，2021年国资委发布了《关于加强地方国有企业债务风险管控工作的指导意见》，这些政策文件的发布为优化内部控制和提高风险管理水平提供了法规依据。因此，如何结合自身情况优化内部控制和提高风险管理水平就成为当前我国上市公司和非上市大中型企业所面临的一项重大而迫切的课题。

本书以"风险管理视域下企业内部控制困境分析与路径优化研究"为题，系统梳理了企业内部控制与风险管理之间的关系，基于相关的政策背景、经济背景和战略背景，将两者之间的关系纳入全新的企业内部控制和风险管理整合框架中，在理论层面探究企业内部控制与风险管理的作用机制，在实践层面提出风险管理视域下企业内部控制质量提升路径优化的具体方案。本书扩展了企业内部控制体系优化的研究领域，丰富了相关研究成果，为企业内部控制的有效实施提供了理论支撑，为促进企业可持续发展和我国经济高质量发展提供了经验借鉴，为进一步优化企业内部控制制度提供了参考。

本书的研究按照"研究起点—困境分析—机制构建—案例应用"四个阶段展开。第一阶段为研究起点，主要包括绪论和文献综述两部分。第二阶段为困境分析。首先，对上市公司及非上市大中型国有企业这两大主体在内部控制实施方面的现状进行了总结。其次，深入归纳分析了企业在实施内部控制过程中遇到的共性问题和差异化问题。最后，从宏观、中观、微观等多个层面出发，对企业实施内部控制产生困境的主要原因进行溯源。第三阶段为机制构建，主要包含风险管理视域下的企业内部控制实施框架和风险管理视域下的企业内部控制质量提升路径优化方案两大核心内容。第四阶段为案例应用，以冀禹公司和扬州金融投资集团两个企业为代表进行应用分析，围绕着内部控制的应用背景与动因、应用过程与效果和案例分析与启示展开。

本书的创新之处主要体现在三个方面：

第一，进一步厘清内部控制与风险管理的关系，构建整合内部控制与风险管理的全新实施框架体系。首先，通过回顾与梳理相关文献，辨析不同观点之间的逻辑联系与分歧所在；其次，深入剖析了具有代表性的企业实例，并细致探究了企业内部控制与风险管理之间的内在联系及相互作用的运行规则；最后，从宏观、中观与微观相结合的多层次视角，构建了一个整合内部控制与风险管理的全新框架体系。

第二，构建行业差异化内部控制规范体系。选取金融业、制造业、建筑业及农业这四个具有代表性的行业作为研究对象，通过对比分析不同行业在内部控制上的表现与特点，深入挖掘其在风险防控、制度建设、执行效率等方面存在的问题与不足，旨在构建一套差异化的内部控制规范体系。

第三，提出了风险管理视域下企业内部控制质量提升的路径优化方案。该方案涵盖宏观层面的政策制度优化、中观层面的行业规范制定与实施以及微观层面的企业内部控制体系改进等多个方面。

科研反哺教学，教学促进科研，本书能够得以出版，要感谢贵州商学院重点学科会计硕士建设项目的资助；感谢南京审计大学池国华教授、贵州财经大学张志康教授，以及东北财经大学出版社的相关审校人员在内容处理方面的指导；感谢贵州商学院况培颖院长、杨宝教授、杨妮博士在数据处理、政策引用等方面给予的帮助；感谢我的家人在背后默默的支持和包容！

由于时间仓促，水平有限，书中不当之处在所难免，敬请读者批评指正，以不断丰富和完善本书内容，共同提升风险管理视域下企业内部控制相关研究的研究意义与价值。

赵肖瑞

2024 年秋

▊目录

1 绪论

1.1 研究背景与意义

1.1.1 研究背景

在当今全球化和信息化的双重浪潮下，企业运营环境正经历着前所未有的变革，优化内部控制的重要性日益凸显。随着全球经济一体化的深入发展，企业面临着更加激烈的市场竞争和不确定性风险。这些风险不仅来源于市场波动、政策变动等外部环境因素，还涉及企业内部管理、财务稳健性、信息技术安全等多个方面。因此，建立健全的企业内部控制体系，加强风险管理，已成为企业可持续发展的关键所在。根据《关于做好 2024 年中央企业内部控制体系建设与监督工作有关事项的通知》的要求，中央企业应着力打造全覆盖、强约束、严监管的内部控制体系，增强核心功能，提高核心竞争力，切实防范化解重大经营风险，夯实高质量发展基础。

1）风险环境的演变：VUCA 时代的挑战

在当今全球化的商业环境中，企业所面临的风险日益呈现出频繁发生与错综复杂的特征，这一趋势与"VUCA"的时代背景紧密相连。根据《全球风险管理调查报告》（2022），超过80%的企业高管认为，与5年前相比，他们现在面临的风险更加多样且难以预测。例如，2020年新冠肺炎疫情暴发，不仅迅速席卷全球，导致经济活动停滞，还引发了供应链中断、市场需求剧变等一系列连锁反应，充分展示了风险的突发性和蔓延性。

根据世界经济论坛发布的《全球风险报告》（2023年版），近年来，全球范围内各类风险事件的数量和影响程度均呈现上升趋势。这些风险事件包括自然灾害、经济危机、政治冲突、网络安全事件等，它们不仅对企业的财务绩效造成冲击，更对企业的声誉、品牌价值乃至生存能力构成严重威胁。这些风险因素相互交织，形成了复杂的风险网络，要求企业必须具备高度的敏感性和适应性，以有效识别、评估并应对潜在威胁。然而，传统的风险管理框架往往侧重于静态分析和历史数据，难以适应快速变化的环境，导致企业在面对新风险时往往措手不及。例如，2020年新冠肺炎疫情暴发就暴露了全球企业在应对突发事件时的脆弱性，许多企业因缺乏有效的风险管理机制而陷入困境。

2）数智化技术的双刃剑效应

随着云计算、大数据、人工智能等数智化技术的广泛应用，企业运营效率和决策能力得到了显著提升。数智化技术不仅能够帮助企业实现资源的优化配置，还能够通过数据分析洞察市场趋势，为企业战略制定提供科学依据。然而，数智化技术是一把双刃剑，它在带来机遇的同时，也引发了新的风险。

一方面，数智化技术加剧了信息和隐私泄露的风险。根据Ponemon和IBM Security 联合发布的《2022年数据泄露成本报告》，全球数据泄露造成的损失在过去几年中持续增长，至2022年已达到435万美元。企业面临的网络攻击和数据泄露事件频发，不仅会造成直接的经济损失，还会损害企业的声誉和客户信任。另一方面，由于数智化技术的复杂性和不透明性，其可能引发新的道德风险和操作风险。例如，算法偏见可能导致决策不公，自动化系统的故障可能引发业务中断，这些都对企业内部控制提出了更高要求。

3）企业内部控制实施效果不尽如人意

近年来，上市公司财务舞弊事件层出不穷，严重损害了投资者的利益和市场信心。例如，广誉远中药股份有限公司 2016 年至 2021 年年报"买断式销售"模式被披露不真实，该公司滥用"出库即确认收入"会计政策，提前确认销售收入，同时对销售费用处理不正确，部分销售费用存在归属期间不准确或会计处理不符合企业会计准则规定的情形。[①]盛屯矿业在 2021 年 12 月至 2023 年上半年的钴湿法冶炼中间品销售业务中，存在货物交付给相关客户时控制权并未实质转移而确认收入等行为[②]。这些事件暴露出企业内部控制在防范财务舞弊方面的重大缺陷。

同时，众多银行因内部控制失效而受到中国银行保险监督管理委员会（现为国家金融监督管理总局）的严厉处罚。相关数据显示，多家银行因内部控制不严格、风险管理不到位等问题被处以巨额罚款，甚至被责令停业整顿。例如，中国农业银行本溪分行因内控制度执行不到位、业内案件迟报，被国家金融监督管理总局本溪监管分局罚款 50 万元。同时，该分行的多位负责人因对此负有责任，分别被警告、罚款及禁止从事银行业工作。恒丰银行因关联交易内控失效，违规为股东企业兜底垫付本息合计 40 亿元的三笔表外业务，引发重大风险事件。中国建设银行乌鲁木齐克拉玛依西路支行因内控制度执行存在漏洞、员工管理不到位，被国家金融监督管理总局新疆监管局罚款 30 万元。同时，该支行的两位负责人因对此负有责任，分别被警告并罚款、禁止从事银行业工作五年。湖北潜江农村商业银行股份有限公司因内控有效性不足，内控制度执行不严，内控监督不到位，被罚款 50 万元，并对相关责任人采取了严厉的处罚措施。中国银行葫芦岛分行也因未

---

① 山西证监局下发的《行政处罚决定书》及《市场禁入决定书》显示，2016 年至 2023 年，广誉远累计虚增营业收入 5.63 亿元、虚减营业收入 4.05 亿元；虚增、虚减利润 5.32 亿元、4.69 亿元；虚增、虚减销售费用 1.98 亿元、2.45 亿元。
② 厦门证监局行政监管措施决定书显示，2021 年至 2022 年，盛屯矿业在与有关客户开展钴湿法冶炼中间品销售业务中，货物交付给相关客户时控制权并未实质转移，在交付时即确认收入，会计处理不准确。2021 年至 2022 年，盛屯矿业累计多确认营业收入约 4.43 亿元。

严格执行内控制度，被罚款15万元，并对相关责任人给予警告。这些案例充分揭示了企业内部控制在防范金融风险、保护投资者利益方面存在的明显不足。为了规范银行业金融机构的行为，维护银行业市场秩序，国家金融监督管理总局依据《中华人民共和国银行业监督管理法》《商业银行内部控制指引》等相关法律法规，对违法违规行为进行了严肃处理。这些文件政策不仅为银行业金融机构提供了明确的监管框架，也强调了内部控制和风险管理在银行业务运营中的重要性。①

企业内部控制实施效果不佳的原因是多方面的。一方面，部分企业对内部控制的重视程度不够，缺乏有效的内部控制机制和流程。另一方面，即使建立了内部控制体系，也可能因为执行不力、监督不到位等原因而流于形式。此外，随着企业规模的扩大和业务范围的拓展，内部控制的难度和复杂性也相应增加，要求企业必须不断优化和更新内部控制体系。

4）企业高质量发展的内在要求

党的二十大报告明确指出，高质量发展是全面建设社会主义现代化国家的首要任务。对于企业而言，高质量发展不仅意味着提升经济效益，更强调在社会责任、环境保护和技术创新等方面的全面进步。然而，当前许多企业的内部控制体系仍停留在传统的管理模式上，无法满足高质量发展的要求。部分民营企业，由于多种因素叠加，以及自身治理体系和治理能力跟不上企业扩张速度，成为各种风险的高发、易发区。因此，建立健全的风险管理体系，防范战略风险、运营风险、市场风险等各类风险，成为企业高质量发展的关键。同时，高质量发展还要求企业具备持续创新的能力，以适应不断变化的市场需求和技术趋势。例如，携程集团在学习贯彻党的二十大精神后，更加明确了未来发展方向，坚定了成为全球最大的国际旅游企业和最具价值、最受尊敬的在线旅游企业的目标，这充分体现了高质量发展对企业创新能力的要求。然而，当前许多企业的内部控制体系在支持创新和应对变化方面存在明显不足，需要进一

---

① 资料来源：国家金融监督管理总局公告。

步加强和优化。

为了推动高质量发展，企业必须具备持续创新的能力，以快速适应市场需求和技术趋势的变化。然而，小康杂志社发布的"2022市县高质量发展经典案例"显示，许多企业在内部控制体系上尚存在明显不足，特别是在支持创新和应对变化方面。以广州市黄埔区广州开发区为例，该区通过培育孵化近5万家科技企业，集聚超过130家专精特新企业，实现了在科技创新和现代产业领域的显著成效。但这样的成功案例仍属少数，大多数企业仍需在内部控制体系上进行优化，以更好地支持创新和进行风险管理。此外，根据《中共中央关于党的百年奋斗重大成就和历史经验的决议》和《关于构建市场导向的绿色技术创新体系的指导意见》等政策文件，企业应加强内部控制体系的建设，确保其在防范财务风险的同时，也能有效应对战略、运营和市场等各类风险，从而推动企业实现高质量发展。

5）世界一流企业目标的引领作用

随着全球经济一体化进程的加速和市场竞争的日益激烈，越来越多的企业提出了成为世界一流企业的宏伟目标。世界一流企业不仅在经济效益上保持领先地位，更在风险管理、社会责任、技术创新等方面树立了行业标杆。例如，世界500强企业在内部控制体系上普遍展现出全面性、有效性、创新性和可持续性等特点。它们通过建立完善的内部控制体系，实现了对企业运营各环节的全面覆盖和有效监控，显著降低了各类风险的发生概率。然而，根据国资委发布的《关于加快建设世界一流企业的指导意见》，当前许多企业在内部控制体系的建设上与世界一流企业仍存在明显差距，需要不断优化和完善。因此，企业需要借鉴世界一流企业的成功经验，加强内部控制体系的建设和优化，以提升企业整体竞争力和可持续发展能力。

综上所述，在当前全球化与信息化背景下，企业内部控制面临着前所未有的挑战，其困境主要体现在难以适应VUCA时代的复杂风险环境、数智化技术带来的双刃剑效应、实施效果不尽如人意以及无法满足企业高质量发展的内在要求。传统内部控制体系在全面性、有效性、创新性和可持续性方面存在明显不足，难以有效应对市场波动、政策变动、信息安全、财务舞弊等多重风险。因此，企业必须重新审视并重新构建内部控制体系，优化路径选择，借鉴世界一流企业的成功经验，以确保内部控制能够切实防范和应对各类风险，支持企业的长期发展和战略目标，从而在激烈的市场竞争中保持稳健运营和持续发展。

1.1.2　研究意义

1）理论意义

（1）有助于进一步厘清内部控制与风险管理之间的内在关系

在学术界，关于内部控制与风险管理的关系一直存在争议和分歧。一些学者认为内部控制是风险管理的一部分，而另一些则认为风险管理应包含于内部控制之中。这种理论上的不明确，直接导致了实践层面的操作指南缺乏统一性和准确性，进而限制了内部控制效能的充分发挥。本研究通过全面回顾与梳理相关文献，辨析不同观点之间的逻辑联系与分歧所在，并在此基础上构建了整合内部控制与风险管理的全新框架体系。这一框架体系不仅揭示了两者之间的协同效应与互补机制，还明确了风险管理在内部控制中的核心地位，以及优化内部控制流程以增强风险管理能力的重要性。这一理论贡献对于澄清学术界和实践界在这一问题上的模糊认识具有重要意义，有助于推动内部控制与风险管理理论的深入发展。

（2）有助于构建行业差异化内部控制规范体系，拓展相关理论依据

现有关于内部控制的规范指引大多具有普适性，且多是原则性的规定，没有充分考虑行业之间的差异。这种做法可能使一些具有特殊性的行业企业无所适从，无法给予有针对性的指导。本研究针对这一问题，选取了金融业、制造业、建筑业及农业这四个具有代表性的行业作为研究对象，通过对比分析不同行业在内部控制上的表现与特点，深入挖掘其在风险防控、制度建设、执行效率等方面存在的问题与不足。基于这些研究发现，本研究提出了构建行业差异化内部控制规范体系的思路，旨在为相关行业乃至更广泛的企业群体提供有针对性的内部控制指导。这一理论创新有助于弥补现有内部控制规范指引的不足，提升整体内部控制水平，具有重要的实践指导价值。

（3）有助于提出风险管理视域下企业内部控制质量提升的路径优化方案

本研究充分借鉴国内外先进的理论成果与实践经验，结合我国企业的实际情况与特殊需求，提出了一系列具有针对性、创新性的优化策略与路径。这些策略与路径涵盖了宏观层面的政策制度环境优化、中观层面的行业规范制定与实施以及微观层面的企业内部控制体系改进等多个方面，旨在形成一套科学有效的企业内部控制质量提升路径优化方案。这一理论成果不仅为企业内部控制与风险管理的实践提供了全面而具体的指导，还为相关领域的研究提供了新的视角和思路。

2）实践意义

（1）构建风险管理视域下企业内部控制路径优化实施框架

这一实施框架体现了风险管理与内部控制作用机理以及路径优化的运用。首先，通过组成部分、最终目标、参与主体等内容对风险管理与内部控制进行作用机理与运行规则进行分析，并以委托代理理论、制度理论、管理控制理论和目标设定理论研究为理论依据，引出风险管理与内部控制之间相互依存、相互促进的关系；其次，通过 PEST 分析框架对企业内部控制的政治环境、经济环境、社会环境、技术环境和《企业内部控制基本规范》项下组织架构、发展战略、人力资源、社会责任、企业文化进行内外影响因素分析，并援引国务院国资委、财政部、证监会、以及国务院办公厅等部门制度，夯实研究基础；最后，在问题与困境分析层面，对企业内部控制共性问题和行业差异性问题进行阐述，梳理制度设计与实施层面、公司治理结构与组织结构层面、监督与评价体系层面、企业文化与人才管理层面、信息化与技术应用层面的困境表现，为本书的路径优化研究提供现实依据。

（2）提出风险管理视域下企业内部控制质量提升路径

本书提出了从宏观层面完善政策法规与行业标准、加大监督力度，到中观层面发挥行业协会与第三方机构的专业指导作用，再到微观层面强化企业内控意识与文化建设、完善风险管理机制与内控制度、优化企业结构以及利用数智技术提升内控效率等多维度的优化路径。这些措施不仅有助于企业识别并防范各类风险，提升运营效率与资产安全性，还能促进企业治理结构的完善与内部管理的精细化，从而增强企业的市场竞争力和可持续发展能力。

1.2 研究思路与研究内容

1.2.1 研究思路

本书的研究以梳理企业内部控制与风险管理的关系为切入点，按照"研究起点—困境分析—机制构建—案例应用"的思路展开。

第一部分为研究起点。本部分在阐述研究背景及意义的基础上，规划本书的研究思路与研究内容，并介绍了研究的可能创新之处，随后，回顾总结风险管理的内涵、价值、构成、方法和效果，以及内部控制实施的影响因素、体系方法和经济后果的既有文献，进而梳理企业内部控制与风险管理之间的关系。该阶段为本书研究的起点，主要采用文献分析、归纳总结等规范研究方法，相关内容详见于本书的第1章和第2章。

第二部分聚焦于困境分析。首先，本部分对上市公司及非上市大中型国有企业这两大主体在内部控制实施方面的现状进行了总结。其次，深入归纳并分析了企业在实施内部控制过程中遇到的共性问题和差异化问题，包括但不限于：内部控制实施流于形式，缺乏主动性；机械地照搬理论而未与企业实际情况相结合；内部控制与风险管理相互脱节，未能形成有效协同；对内部控制评价的重要性认识不足；风险评估机制僵化，未能充分关注到企业面临的个性化风险；会计师事务所在企业内部控制审计过程中流于表面等。再次，对困境的梳理是对内部控制问题的一次深入剖析。最后，本部分从宏观、中观、微观等多个层面出发，对企业实施内部控制产生困境的主要原因进行溯源。该部分的研究主要采用了演绎推理、归纳总结以及案例分析等规范的研究方法，具体内容详见本书的第3章。

第三部分是机制构建。本部分主要包含两大核心内容：一是风险管理视域下的企业内部控制实施框架，该部分详细阐述了企业内部控制实施的影响因素，深入剖析了相关政策文件，并在此基础上构建了一个企业内部控制与风险管理相结合的全新框架体系；二是风险管理视域下企业内部控制质量提升路径优化，此部分则从宏观政策环境、中观行业规范到微观企业内部体系等多个层面，系统地提出了企业内部控制质量提升的路径优化方案。在研究过程中，本部分充分运用了演绎推理、归纳总结、比较分析及案例分析等规范研究方法，以确保研究的严谨性和科学性，相关内容具体体现在本书的第4章和第5章中。

第四部分为案例应用。该部分精心选取了冀禹公司和扬州金融投资集团两个具有代表性的企业，围绕其内部控制实施情况展开深入剖析。具体而言，从案例的应用背景与动因出发，详细阐述了各企业内部控制的实施过程与效果，并在此基础上进行了深入的案例分析与启示。这两个案例不仅展示了企业内部控制实施的实际状况，更凸显了在风险管理视域下，企业内部控制质量提升路径优化的重要性与实践价值。该部分研究在第6章呈现。

1.2.2　研究内容

本书以"风险管理视域下企业内部控制困境分析与路径优化研究"为主题，基于我国企业内部控制实施与风险管理的政策背景、经济背景和战略背景，以梳理两者之间的关系为切入点，以演绎推理、归纳总结、比较分析和案例分析为研究方法，以分析风险管理视域下企业内部控制实施困境为基础，以提出风险管理视域下企业内部控制质量提升的路径优化方案为落脚点。

全书共分为7章，各章的具体内容安排如下：

第1章是绪论。本章首先阐述了选题的背景，明确了研究的理论意义与实践价值。在此基础上，系统规划了本书的研究思路与内容框架，阐述研究的可能创新之处。

第2章为文献综述。本章主要对企业内部控制与风险管理的相关文献进行梳理和总结，涉及风险管理的内涵、价值、构成、方法和效果，以及内部控制实施的影响因素、体系方法和经济后果等方向的相关研究，并进行文献述评。

第3章为风险管理视域下企业内部控制困境分析。本章主要总结上市公司及非上市大中型国有企业这两大主体在内部控制方面的实施现状；归纳并分析企业在实施内部控制过程中遇到的共性问题和差异化问题；从宏观、中观、微观等多个层面出发，对企业实施内部控制产生困境的主要原因进行溯源。

第4章为风险管理视域下企业内部控制实施框架。本章首先详细阐述了企业内部控制实施的影响因素；其次，解读了内部控制与风险管理相关政策文件，阐述了两者之间的作用机制，概述了相关的理论依据；最后，进行问题梳理与困境分析，以及路径优化对策研究。在此基础上构建了一个企业内部控制与风险管理相结合的全新框架体系。

第5章为风险管理视域下企业内部控制质量提升路径优化。本章从宏观、中观及微观三个层面展开深入分析。宏观层面，探讨了政府职能部门如何通过完善行业标准、加强监督评估及深化理论研究等举措，优化企业内部控制环境；中观层面，着重分析了行业协会、会计师事务所及内部控制标准委员会等机构在提供业务指导、专业咨询与标准制定等方面的作用；微观层面，则聚焦于企业本身，探讨了如何通过内部机制优化、文化塑造与信息化建设等途径，全面提升内部控制质量。各层面路径相辅相成，共同构成了一个系统化、多层次的内部控制质量提升框架。

第6章为风险管理视域下企业内部控制应用案例。本章通过对冀禹公司和扬州金融投资集团两个具有代表性的企业案例进行分析，围绕其内部控制实施情况展开深入探讨。具体而言，从案例的应用背景与动因出发，详细阐述了各企业内部控制的实施过程与效果，并在此基础上进行了深入的案例分析与启示。

第7章为结束语。本章从风险管理与内部控制协同视角分析本书的研究结论，并从宏观、中观、微观和行业差异化内部控制规范体系建立的角度分别简明阐述对策建议，最后根据本书研究状况及内部控制时代与行业发展趋势，从内控技术与方法的革新、风险评估方法的改进、数据安全和隐私保护、数智化企业内部控制平台构建及内部控制文化建设方面提出未来研究展望。

1.3 可能的创新之处

本书可能的创新之处主要体现在以下三个方面：

第一，进一步厘清内部控制与风险管理关系，构建整合内部控制与风险管理的全新框架体系。鉴于现有研究在内部控制与风险管理关系上存在的分歧与争议，这些理论上的不明确直接影响了实践层面的操作指南，进而限制了内部控制效能的充分发挥，成为制约其实施效果的关键因素之一。针对此问题，本书采取了一种系统性的研究方法：首先，通过全面回顾与梳理相关文献，辨析不同观点之间的逻辑联系与分歧所在，为后续研究奠定了坚实的理论基础。其次，为了弥补纯理论分析的局限性，本书采用了案例分析法，深入剖析了具有代表性的企业实例，并细致探究了企业内部控制与风险管理之间的内在联系及相互作用的运行规则。这一系列研究不仅揭示了当前企业在实施内部控制过程中面临的多重困境与挑战，而且为后续框架体系的构建提供了翔实且有力的实证支撑。最后，基于理论与实践相结合的原则，从宏观、中观与微观相结合的三层次视角，监管部门、行业机构、企业本身三个主体角度出发，构建一个整合内部控制与风险管理的全新框架体系。该框架体系不仅强调内部控制与风险管理之间的协同效应与互补机制，还明确了风险管理在内部控制中的核心地位，以及优化内部控制流程以增强风险管理能力的重要性。本书旨在有效破解企业在实施内部控制过程中所面临的困境与挑战，进而提升企业的整体管理效率、风险抵御能力以及市场竞争力。这一研究成果不仅具有重要的理论价值与实践意义，还为企业内部控制与风险管理的未来发展提供了新的方向与思路。

第二，构建行业差异化内部控制规范体系。现有关于内部控制的规范指引没有考虑行业之间存在的差异，具有普适性，且多是原则性的规范，这一做法可能使一些具有特殊性的行业企业无所适从，无法给予有针对性的指导，同样也是造成内部控制实施困境的又一根源。针对这一问题，本书依据迪博《白皮书》的深度数据分析结果，选取金融业、制造业、建筑业及农业这四个具有代表性的行业作为研究对象，通过对比分析不同行业在内部控制上的表现与特点，深入挖掘其在风险防控、制度建设、执行效率等方面存在的问题与不足。研究发现，尽管金融业因资金流动性和杠杆效应等行业特性展现出卓越的内部控制表现，制造业与建筑业在风险管理与内部控制实践上取得一定成效，但各行业的内部控制体系仍面临诸多挑战，如金融业需要精准识别并有效管理多种复杂风险，制造业需要关注生产流程优化与成本控制，建筑业则需要应对项目周期、成本控制、施工安全及合规性等多重挑战，而农业作为国民经济的基础产业，其内部控制水平虽相对较低，但同样具有不可忽视的重要性。鉴于此，本书运用归纳推理的研究范式，通过对行业间差异的深入剖析，旨在构建一套差异化的内部控制规范体系。此体系为相关行业乃至更广泛的企业群体提供有针对性的内部控制指导，以期促进整体内部控制水平的提升，解决内部控制实施困境。

第三，提出了风险管理视域下企业内部控制质量提升的路径优化方案。当前内部控制规范指引体系中存在两个现实问题：一是未能充分考虑并体现不同行业间的差异，从而难以为各行业企业提供具有针对性的指导；二是企业在实际执行内部控制过程中遭遇的多样化挑战与困境，亟须更为细致且适应性强的解决方案。对此，本书将充分借鉴国内外先进的理论成果与实践经验，结合我国企业的实际情况与特殊需求，提出一系列具有针对性、创新性的优化策略与路径。这些策略与路径将涵盖宏观层面的政策制度环境优化、中观层面的行业规范制定与实施以及微观层面的企业内部控制体系改进等多个方面，旨在形成一套科学有效的企业内部控制质量提升路径优化方案。这种多层次的优化路径设计，既考虑了外部环境的影响，又兼顾了企业内部的实际情况，为风险管理能力的提升和内部控制体系的优化提供了全面而具体的指导。

2 文献综述

2.1 风险管理研究

风险是客观存在的，对企业的经营目标构成潜在威胁，可能导致经济损失的不确定性事件。风险管理则是企业采取的一系列举措，旨在预防或降低风险事件的发生概率，它依赖于多样化的科学方法和工具，用以识别风险、发出预警并妥善处理。近年来，国内外学术界对企业风险管理的探讨不断深入，重点聚焦于风险管理内涵、风险管理的价值以及风险管理的构成、风险管理方法与风险管理效果的研究与实践。

2.1.1 风险管理内涵

风险管理的概念最初于 1955 年由美国宾夕法尼亚大学沃顿商学院的施耐德教授明确提出。风险管理涉及一系列活动，包括风险的识别与评估，并依据评估结果采取相应措施来处理风险，以确保风险处于可控且可接受的水平。简而言之,风险管理是在充满风险的环境中实施管理以最大限度降低风险的过程。美国学者 Williams 等（1989）率先将风险管理提升为一门独立的管理科学,定义其为通过识别、评估及控制风险,旨在以最小的成本将风险损失降至最低的管理策略。此后,风险管理概念在国内外学术界不断演进。范道津（2010）分析风险管理的社会背景与历程,强调风险管理是研究风险生成规律及预防策略的科学,管理者需要综合运用多种防控手段,在识别、衡量及评价风险的过程中,有效控制风险并妥善处理其影响,以最小成本实现最大安全保障。Ivascu 等（2014）提出,风险管理为评估、处理、控制及监测风险提供了全面的视角,有助于企业目标达成、竞争优势增强及机会创造,而真实评估管理过程中的机会是风险管理的基本要素。

蔡程等（2023）指出风险管理是企业在总体经营目标驱动下,通过执行基本流程,对各经营环节进行风险管控的过程。赵梦媛等（2023）持相似观点,认为风险管理通过识别、衡量、评估及决策等方式,有效控制风险并妥善处理损失。王慧军等（2021）基于企业风险管理理念,根据科学原理,将风险管理要素概括为风险评价、事件学习、风险控制、应急准备及结果评审。曹元坤等（2011）则从性质、目标、实施主体、识别与评价客体、重大风险决策管控及风险应对五方面,揭示了企业风险管理的核心特征。毕可骏等（2024）则在产业链风险评估领域进行了创新,提出了结合图融合和属性补全的产业链风险评估模型。他们通过设计关系图生成模块和图嵌入补全模块,有效解决了产业链数据缺失和关系复杂多样的问题,为产业链风险评估提供了更为精准的方法。这一研究不仅丰富了全面风险管理的内涵,也为特定行业的风险管理提供了新的思路。

2.1.2 风险管理的价值

国外研究中,Froot 和 Stein（1993）提出了"外部融资成本增加说",认为公司层面的风险对冲、风险控制活动是可以给公司带来价值的。在此基础上,Froot 和 Stein（1998）又针对银行等金融机构构建了一个理论模型（资本预算的双要素模型），证明风险对冲（风险管理）、资本预算和资本结构这三个相互联系、相互影响的金融机构基本财务问题作为一个整体，共同决定金融机构的价值增长。这种把公司的资本结构、资本预算政策和风险管理活动结合在一起的观点是作者构建 ERM（企业资源管理）价值创造动态模型的重要理论依据之一。Miccolis 和 Shah（2000）深入探讨了全面风险管理在保险企业价值创造过程中的应用。他们着重分析了如何通过动态优化整合保险业的风险与价值、提升企业整体价值、评估并降低公司的财务风险与操作风险、选择有效的融资技术手段，以及加强、执行和控制企业的财务战略与经营战略等多个方面。

国内相关研究中，陈凯和龚小洁（2012）基于 2009 年至 2010 年国内 78 家保险公司的数据，探究了全面风险管理对保险公司资产收益率的影响，结果显示，它能有效提升我国保险公司的资产收益率。高豹（2014）则选取了 2006 年至 2012 年的数据作为研究样本，采用内含价值指标衡量企业价值，得出了相似的结论。成小平和庞守林（2015）通过年报等公开数据中的关键词检索，判断企业是否实施全面风险管理，并选取 ROA、ROE 及 EPS 作为企业价值的评估指标，利用 2011 年至 2013 年我国上市公司的数据进行实证分析，发现全面风险管理的实施能显著提高公司的经营绩效。张芳洁、张桂霖和亓明（2017）以寿险公司为研究对象，采用 ROA（资产收益率）衡量企业价值，将全面风险管理分解为组织结构和技术水平两部分，运用固定效应回归模型分别探究这两部分及它们的共同作用对寿险公司企业价值的影响。研究结果显示，无论是单独作用还是共同作用，其均对寿险公司的企业价值产生了显著的提升效果。

2.1.3 风险管理构成

美国发起人委员会（COSO）（2004）提出风险管理过程涉及组织内部环境分析、目标确定、风险识别、风险评估及风险应对等相关事项的处理。美国系统工程研究所（SEI）（2006）则构建了一个以风险管理沟通为中枢的六模块体系，包括风险沟通、识别、分析、计划制订、跟踪以及控制。美国项目管理协会（PMI）（2013）指出，风险管理流程应包含风险的辨识、分析、应对计划的制订与控制措施。

此外，我国学者吴涛（2000）提出，技术创新风险管理应遵循的程序是风险识别、评估、实施控制，并最终进行风险管理效果的评价。戚安邦（2010）提出，风险管理过程应分为风险管理计划、识别、度量、应对及监控这五个步骤。同年，沈建明将风险管理过程细化为风险规划、识别、估计、评价、应对和监控六个环节。郭波等（2008）指出，风险管理的基本流程包含规划、识别、估计与评价风险、应对及监控。毕星和翟丽（2000）提出，风险管理过程应划分为识别、评估、处理及监督风险四个阶段。

2.1.4　风险管理方法

自 Williams 和 Heins（1989）奠定风险管理理论基础以来，风险管理方法不断细化并广泛应用于各领域。Farrell 和 Gallagher（2014）的研究显示，有效风险管理能显著提升企业财务绩效，增益可达20%~25%。Schuhmann 等（2017）运用文献资料法深入剖析了合同风险的源头与管理工具，基于现代合同功能与目的的解读，重新界定了"合同风险"的概念，并提出了利用合同风险的多维度特性来强化风险管理的方法。Baykasoglu 和 Golcuk（2017）通过引入模糊 FMEA 模型，为 ERP 项目中的风险评估提供了一种更为全面和精确的方法，该方法能有效应对项目中的不确定性和模糊性，弥补了传统评估方法的不足。Tavares 等（2019）则通过问卷调查与定性分析，探究了 Scrum 软件项目中的风险管理实践，并提出了优化建议。与此同时，Bischof 等（2019）构建了一个包含风险类型、管理阶段及可用技术的大数据驱动风险管理概念框架，为大数据在高级风险管理系统中的应用提供了策略指导。

高全胜（2009）通过对比方差、风险价值和相容风险测度等方法，提出了风险宽度、深度和强度的概念，旨在在更合理的框架内整合风险评估理论。陈建军（2007）利用层次分析法评估了项目设计阶段的风险，并建立了风险管理系统以减少风险损失。左美云（2002）将灰色理论引入风险管理流程，采用灰色关联法、GM 模型等多层次方法进行风险识别、分析和评估。王雷（2005）在工程风险评估中采用了 MC 计算法，提高了评估的准确度和工程项目的效率。滕素珍（1996）强调风险决策在风险管理中的核心地位，并运用效用理论进行分析。田林刚（2004）采用 SWOT 分析法进行风险辨识，并根据风险指数对风险进行等级分类和应对。周晓蓉（2010）建立了网络层次分析超矩阵模型，对项目各层次间的风险关系进行深入分析。张宗娇（2001）则采用自我评估法和标准评估法对工程的潜在风险进行了评估。王丹阳等（2023）基于我国开放式基金多年的持仓数据，评估了基金经理应对流动性风险的防控策略的效果，为政府和基金管理者提供了科学的决策依据。近年来，随着大数据和 AI 技术的发展，风险管理方法不断创新，如杨美芳（2021）提出的知识图谱应用和人工智能算法（如人工免疫和案例推理），提升了风险管理的智能化水平。林琳（2021）和刘超（2024）分别从企业战略和体育赛事角度探讨了弹性风险管理和赛事风险管理策略的应用，进一步丰富了风险管理的研究内容，为不同领域和行业提供了切实有效的风险管理解决方案。

2.1.5 风险管理效果

关于风险管理效果的研究，众多学者深入探讨了风险管理的实施及其对企业财务绩效与市场绩效的深远影响，并得出了丰富多样的结论。大量研究有力地证明，风险管理对企业绩效的提升具有显著的正面推动作用。Farrell 和 Gallagher（2014）的研究揭示，风险管理能够为企业财务绩效带来 20%~25% 的显著提升，充分展示了其在提升财务绩效方面的关键作用。McShane 等（2011）则基于标普的风险管理评级，发现评级越高的企业，其财务绩效表现越出色。Baxter 等（2013）同样观察到，实施风险管理后，企业的运营绩效与盈余系数均有所提升，并强调高质量的风险管理对于企业减少损失、充分利用市场机遇具有重要意义。Gates（2006，2012）的定性研究进一步证实了风险管理对企业感知绩效的显著影响。而 Ai 等（2018）则指出，风险管理质量是决定财产保险企业业绩的关键因素，高质量的风险管理能够推动企业产品线多样化，进而提升财务绩效。Eckles 等（2014）在保险行业的研究中发现，实施风险管理的企业股票收益波动率有所降低，且这种降低效应会随时间增强，同时单位风险的经营利润也相应增加。Lundqvist 和 Vilhelmsson（2006）基于全球 78 家最大银行的面板数据研究发现，更高程度的风险管理实施有助于降低银行的违约风险。

2.2 内部控制研究

2.2.1 内部控制实施的影响因素

关于企业内部控制实施的影响因素一直是学术界的研究重点。国外学者 Leif（2022）强调了内部审计功能在优化和实施内控措施中的核心作用，指出持续监督与评估对维持有效内控体系的重要性。Xue（2021）通过实证研究，以制造业上市公司为样本，提出了内控质量提升能显著降低整体管理成本，尤其是薪酬、办公、差旅等费用，但对研发费用影响不大。Zhang（2021）则发现，内控质量的提高对企业盈利能力有显著正向影响，尤其在低竞争行业和盈利企业中更为突出，凸显了良好内控在保持竞争优势和提升盈利中的作用。Ponomareva（2021）指出，内控制度的质量对财务信息使用者决策及企业经济活动后果有重大影响，这对俄罗斯企业尤为典型，提示应充分明确影响内控系统的因素。Chan，Chen 和 Liu（2020）分析了企业内部控制及其五大构成部分如何影响公司创新能力。他们的研究揭示了内部控制及其各部分与创新之间关系的复杂性，并指出不同内部控制组成部分对促进企业创新的力度各异。特别地，高水平的内部控制活动、良好的控制环境以及有效的信息沟通机制，对企业创新的推动作用尤为显著。Pfabigan，Wucherer 和 Lamm（2018）的研究则表明内部控制的信念体系和参考框架对绩效监控中的事件相关电位有显著影响，凸显了这两者在绩效监控机制中的核心地位。这一发现提示，组织在部署内部控制体系时，需深刻理解和充分考量内部控制信念及框架的作用，为优化内部控制实践提供了新的视角和策略。Thekdi

（2016）认为企业风险管理水平与企业绩效间存在密切关联，强调增强这两者之间的联系至关重要。为此，其引入了一个创新的数据分析框架，该框架旨在将风险管理与绩效管理相融合，以助力企业更有效地识别并控制风险，同时促进其整体绩效的提升。

国内研究则侧重于管理层权力、风险偏好、风险防范意识、会计信息质量、外部审计、盈利能力及人员素质等方面。蔚风英和林爱梅（2015）通过迪博内控指数评估内控有效性，并考虑风险变量，发现审计师监督、管理层风险取向等因素显著影响内控效果。余冬根等（2022）采用多元回归分析，探讨了内控质量、制度环境与企业持续发展能力的关系，发现内控质量与企业持续发展能力正相关，且制度环境因素起积极调节作用。罗艳梅（2020）认为，员工薪酬激励和知识能力与内部控制质量显著正相关，通过薪酬激励和培训提升员工能力，能进一步提高内部控制质量，尤其在经济发达地区。李元翔（2018）强调，国有企业为保持稳步发展和提升核心竞争力，必须重视并加强内部控制建设，同时提高财务风险防范能力，其中管理者的内部控制与风险防范意识至关重要。徐芳兰和刘亦陈（2018）则指出，企业信息化管理、内部控制与会计信息质量三者紧密相关，内部控制要素及信息化管理水平均与会计信息质量显著正相关，加强信息化管理能有效促进内部控制落实，提升效果，进而提高会计信息质量。王璞礼（2018）分析了社会转型期企业内部控制的现状，揭示了执行不力、人才缺乏及专业化水平不高的问题，这些问题限制了内部控制的有效性并增加了经营风险，因此需要加强制度建设与执行，培养和引进专业人才，提升专业化水平以应对挑战。张继德等（2013）通过结构方程模型，识别了影响内控有效性的关键因素，按影响力排序为管理层关注度、组织架构、资金支持、员工素质、信息技术应用及管理流程成熟度。林斌等（2012）提出内部控制对财务困境具有显著而重要的影响，存在重大内部控制缺陷的公司更可能陷入财务困境。这些经验证据表明，加强内部控制建设在现实中确实能有效规避财务困境。郑石桥等（2009）认为，企业优化内部控制的潜力较大，企业在进行内部控制建设时应对权变因素产生的影响进行具体分析，这样才能建立起有效的内部控制体系。

2.2.2　内部控制体系优化

Wang（2024）分析了企业内部控制，指出持续优化内部控制体系对实现企业发展战略至关重要。Dimitrijevic（2015）则通过环境分析强调，不断调整内部控制体系能提升企业管理水平，并加强其核心竞争力。Radu（2018）提出，运用内部审核方法能有效优化企业内部控制体系，而 Hermanson（2008）认为，内部控制体系内容的丰富性是其发挥效用的关键。

在如何完善内部控制方面，学者们提出了独特的观点。周卫华（2016）强调，企业内部控制作为一个复杂体系，需要以全局视角来规划内控架构。张兆国等（2011）则提出，通过合理赋权五项内部控制指标，可以综合评价企业内部控制状态。陈关亭等（2013）在 ERM 模型基础上，依据内部控制五要素设计了包含三个层次，共 224 项指标的详细分析体系，认为这有助于企业构建有效的内部控制体系。而许瑜和冯均科（2020）采用访谈和案例研究方法，基于内部控制管理理论，构建了一套更贴合中国实际的企业内部控制绩效评估指标体系，并在上市公司中成功应用，助力其提升核心竞争力。

对于企业的内部控制的优化措施，陶良峰（2011）指出，民营中小企业高管对内部控制系统认知不足，为此，提出了包括树立正确公司价值观、加强人力资源管理、完善风险评价机制、促进内外部信息流通及强化内部审计在内的改进策略。王爱东（2015）则认为，多数中小企业面临内部管理体系不健全、治理结构不合理的问题，强调应将重点放在建立与执行内部控制及优化公司治理结构上。同时，许金叶和李歌今（2013）共同强调，在信息处理过程中企业应确保准确性，并加强对信息的存储、处理及分析能力。

在财务风险控制方面，王祥朴（2023）强调了国有企业在国民经济中的核心地位及其对经济发展的引领作用，指出国有企业应深化对内部控制的认识，构建健全且系统化的内部控制制度，以增强风险防范能力。马春雨（2022）认为，完善的财务管理系统对国有企业产权拓展至关重要。而刘金红（2022）则指出，国有企业普遍面临财务管理体制不健全、内控松散及高素质财务内控人员匮乏等问题，建议通过构建专业财务内控团队、强化风险预警监控及财务内控措施，并与企业发展相结合，以优化财务管理。王熙（2021）进一步提出，国有企业要实现可持续发展，必须全面优化内部控制管理制度，严格执行监管，提升风险辨识与预测能力，创造良好内部控制环境，促进部门间合作，并加强内控人才队伍建设，以持续提升整体管理水平，推动高质量发展。

2.2.3 内部控制实施的经济后果

经过细致分析与整理，关于内部控制实施的经济后果的探讨主要聚焦于三大方面：代理成本与企业价值的关系、企业风险管理，以及运营与投融资活动的效率。企业股东与高层管理人员因资本所有权与经营权分离而产生的矛盾，导致了双方利益的潜在冲突，为解决这一矛盾所付出的资金构成了代理成本，其根源在于信息在股东与管理层之间的不对称流通。谢凡等（2018）揭示了内部控制严格性与代理成本之间的负相关性，即内部控制越严谨高效，代理成本越低，企业绩效相应提升。马鹏飞等（2019）进一步探讨了内部控制影响代理成本的具体路径，强调建立高标准内部控制体系的重要性，它能有效降低代理成本，确保股东能及时获得股息，同时减少企业利益的非必要留存，这一发现与前述研究相互印证，共同支持了内部控制在降低代理成本方面的积极作用。

基于建立高质量内控机制的目的出发，内部控制对企业价值存在显著的作用效果。内部控制通过何种路径对企业价值产生影响，国内外对此路径进行了详细探析，并基于内部控制的五要素进行探析研究。杨清香等（2017）从内部控制环境的角度出发，发现良好的内部控制环境能滋养企业创新文化，进而提升创新效率，推动企业整体价值的提升。同年，叶晓霖通过探讨内部控制的风险评估因素，指出内部审计能有效管理和控制企业风险，从而提高企业价值。曹晓丽等（2016）则聚焦内部控制活动，揭示了合理的避税策略能为企业带来积极收益，提升企业利益水平。程琨（2018）从信息沟通因素入手，证明了 ERP 系统的全面实施能促进企业内部信息的透明、高效流通，为高效内部控制提供信息支持，助力企业价值最大化。此外，郭志碧等（2017）强调，企业不能实施有效监督，确保内部控制的执行，会对企业价值产生不利影响。这些研究共同表明了内部控制各要素对企业价值提升的重要作用。

2.3 风险管理与内部控制关系研究

传统观点认为，风险管理与内部控制被视为两个相对独立的业务领域，但随着学术与实践领域的深入探索及现实需求的推动，二者在理论与实践层面均实现了明显的发展与融合。当前，风险管理与内部控制在概念与范围上的交叉日益显著，众多学者及专家指出，两者正迈向一种创新性的整合路径：风险管理作为内部控制的延伸与强化，而内部控制则为风险管理提供坚实基础。这一以风险管理为导向、内部控制为工具的风险控制体系，在促进企业长期稳定发展方面展现出了显著成效。在 COSO 发布的《企业风险管理——整体框架（2004）》中，已明确指出内部控制构成企业风险管理的关键部分。随后，李维安和戴文涛（2013）进一步指出，在现代企业管理架构内，内部控制与风险管理之间的界限趋于模糊，展现出融合的趋势。他们强调，在实践层面，应站在战略高度，对组织进行顶层设计，确保风险管理与内部控制成为公司管理的内在组成部分。陈刚（2019）指出，施工企业内部控制和风险管理是密不可分，具有很强的关联性，风险管理为施工企业内部控制提供了思路以及指导，二者的目标都是为企业降低风险，提高风险控制能力，施工企业要明确内控和风险管理目标，加强工程项目管理。吴渝芳（2020）认为，内控体系和风险管理体系的相互结合，可以更有效地实现企业经营目标，有效融合内部控制和风险管理，可以使企业监管过程更有效、方便。我国学者在研究风险管理与内部控制时，能够运用发展的眼光辩证地看待两者之间的关系，不局限于既定模式与框架，而是从实践角度出发，力求实现风控管理的效用最大化。

当前，研究者愈发认识到，在企业经营管理中，要确保风险管理与内部控制的有效实施，关键在于强化风控意识，并高度重视人为因素在风险控制管理中的作用。这是因为管理者的主观意识构成了风险管理与内部控制有效实施的前提，而风控意识则是其先决条件。戈献环（2016）强调，企业内部控制活动应遵循五要素原则，从实际出发构建体系，确保具体问题具体分析，避免主观指导实践，同时客观评价内部环境，提升全员内控意识。翁祖平（2021）则指出，内部控制活动应融入组织行为学思想，因人在其中起主导作用，结合组织行为学的内部控制能更好发挥职能。随着理论研究的深入，徐琛等（2021）认为完善的风控体系和制度建设至关重要，全面风险评估是支撑，同时需要加强风控管理理念和文化的培养与传播，以在企业经营管理中全面强化风险管理意识。这不仅是建立风控体系和制度的必要条件，也是企业高速、优质发展的先决因素。我国学者对风控意识的重视，凸显了具备风控意识的管理人员和基层员工在推动企业风控工作中的重要性，以及风控管理专业人才对企业发展的重大意义。

2.4 研究综述

本书从风险管理和内部控制两个方面，对相关研究现状进行综述和评述。其中，风险管理的研究主要集中在风险管理的内涵、价值、构成、方法与经济后果等问题上，内部控制的研究则集中于内部控制实施的影响因素、体系优化与实施的经济后果等方面，形成了相对成熟的理论体系和实践经验。虽然现有的研究取得了一定的成果，但是，还存在一定的不足，有待深入研究。

首先，关于内部控制与风险管理的关系的研究相对缺乏。在以往对于内部控制与风险管理关系的研究中，多数学者认为风险管理与内部控制是两个相对独立的业务领域，COSO-ERM（2017）中明确界定了风险管理与内部控制的边界，将其作为两个独立的体系来阐释，两者存在不同框架，不能互相取代，将内部控制作为风险管理的一个基本面看待。我国在 2012 年发布的《关于加快构建中央企业内部控制体系有关事项的通知》强调，须在风险管理框架内实现内部控制与风险管理的有机融合，这区别于西方企业将两者分离的做法。在 2019 年，国资委针对国有企业发布的《关于加强中央企业内部控制体系建设与监督工作的实施意见》进一步提出，要建立以风险管理为导向、合规管理监督为重点的严格、规范、全面、有效的内控体系，标志着我国在风险管理与内部控制领域创新性地实现了两者的有机结合，明确了以风险管理为引领，以内部控制为实施路径的创新风控体系构建方向。本书将依据相关政策，进一步梳理风险管理与内部控制之间的关系，并根据实际情况分析当下企业内部控制实施过程中面临的困境，以此来优化在风险管理视域下的企业内部控制实施路径，借此提高企业内部控制管理能力。

其次，从目前来看，专门针对行业差异化的内部控制规范体系的文献研究较少，大多数学者倾向于从整体角度不区分行业对企业内部控制的实施进行研究，同时，现有的企业内部控制规范指引没有考虑行业之间存在的差异，具有普适性，且多是原则性的规定，这一做法可能使一些具有特殊性的行业企业无所适从，无法给予有针对性的指导。这就为后续的研究提供了一个机会，即如何设计出具有行业差异化的内部控制规范体系，能够针对性地指导不同行业的内部控制规范实施机制。

最后，从现有文献综述来看，针对风险管理视域下企业内部控制质量提升优化路径，从宏观、中观与微观相结合视角的研究尚待补充。本书将从宏观层面提出政策制度建议以营造良好的外部环境；从中观层面探讨行业规范制定以推动行业整体进步；从微观层面关注企业个体内部控制体系的完善以提升其风险管理水平。这种多层次的优化路径视角为企业内部控制体系的优化提供了全方位、多层次的指导。

3 风险管理视域下企业内部控制困境分析

3.1 实施总况

2008年5月，财政部会同证监会、审计署、银监会、保监会发布了《企业内部控制基本规范》。2010年4月，财政部会同证监会、审计署、银监会、保监会发布了《企业内部控制配套指引》，包括应用指引、评价指引和审计指引，共同构建了中国企业内部控制规范体系。自2011年1月1日起，该规范体系首先在境内外同时上市的公司施行；自2012年1月1日起，扩大到在上海证券交易所、深圳证券交易所主板上市的公司施行；财政部和证监会于2012年8月联合印发《关于2012年主板上市公司分类分批实施企业内部控制规范体系的通知》，主板上市公司自2014年起实施企业内部控制规范体系。

根据财政部等部门的要求，内部控制规范体系的实施范围逐步扩大，从最初的境内外同时上市的公司，到主板上市公司，再到国资委

2012年下发的《关于加快构建中央企业内部控制体系有关事项的通知》，鼓励非上市大中型企业提前执行。2019年10月19日，国务院国资委发布了《关于加强中央企业内部控制体系建设与监督工作的实施意见》（国资发监督规〔2019〕101号），对中央企业内部控制体系建设与监督工作提出了明确要求，中央企业主要领导人员作为内控体系监管工作第一责任人，负责组织领导建立健全覆盖各业务领域、部门、岗位，涵盖各级子企业全面有效的内控体系；全面梳理内控、风险和合规管理相关制度，及时将法律法规等外部监管要求转化为企业内部规章制度；统筹推进内控、风险和合规管理的监督评价工作，制定定性与定量相结合的内控缺陷认定标准、风险评估标准和合规评价标准。

本书根据主体的划分不同，主要围绕上市公司、非上市大中型国有企业这两大主体实施企业对我国企业内部控制的实施情况进行总结。

3.1.1　上市公司内部控制规范体系实施情况

本书所依据的数据综合自多个权威来源：上市公司公开发布的年度报告、内部控制自我评价报告、内部控制审计报告，以及监管机构针对上市公司违法违规行为发布的处理公告等，所引用的全部数据均已被系统地收录至迪博数据资讯平台，以确保数据的完整性和可追溯性。

1）内部控制指数与评级

（1）内部控制指数与评级分析

上市公司内部控制指数是结合国内上市公司实施内部控制体系的现状，基于内部控制合规、报告、资产安全、经营、战略五大目标的实现程度设计内部控制基本指数，同时将内部控制缺陷作为修正变量对内部控制基本指数进行修正，最终形成综合反映上市公司内控水平和风险管控能力的内部控制指数。

内部控制指数评级一共分为四级八档。根据迪博公司发布的内部控制指数评级标准，这四级八档分别为AAA级、AA级、A级、BBB级、BB级、B级、C级和D级。具体来说，AAA级和AA级表示内部控制优秀的上市公司，BBB级表示内部控制良好的上市公司，BB级和B级表示内部控制合格的上市公司，C级表示内部控制不合格的上市公司，D级表示内部控制无效的上市公司。2018—2023年上市公司内部控制指数分布与评级汇总见表3-1。

表3-1　　　2018—2023年上市公司内部控制指数分布与评级汇总　　单位：%

年份 评级	A级			B级			C级	D级
	AAA	AA	A	BBB	BB	B		
2023年	0.04	0.28	0.88	2.4	11.41	60.23	20.11	4.65
2022年	0.02	0.09	0.46	1.86	10.24	63.2	18.71	5.42
2021年	0.1	0.39	1.1	2.46	11.95	59.67	16.95	7.38
2020年	0.11	0.35	0.76	2.35	14.08	55.67	18.44	8.24
2019年	0.08	0.31	0.85	2.96	16.42	56.09	15.63	7.66
2018年	0	0.17	0.64	3.39	16.49	53.13	18.98	7.2

数据来源：迪博数据咨讯平台。

根据2018—2023年我国上市公司内部控制指数分布与评级表，对我国上市公司企业内部控制级别变化趋势进行分析，如图3-1所示。

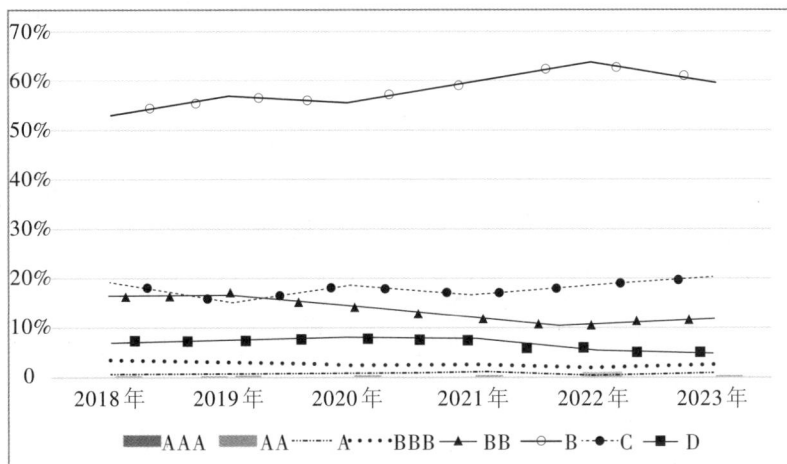

数据来源：迪博数据资讯平台。

图3-1　我国上市公司内部控制指数及评级趋势图

经过分析，我们可以清晰地观察到，在2018—2023年，我国上市公司的内部控制指数及其相应的评级分布情况展现出了轻微幅度变化。具体而言，A级作为上市公司内部控制质量的最高评价，其在这五年间的变动幅度相当有限，基本保持了稳定，这一方面表明我国一部分上市公司在内部控制方面已经达到了较高的水准，并且能够持续维持这一优秀状态，同时也应该看到该部分数据整体占比较低，说明我国上市公司在企业内部控制质量提升方面还有较大的空间。

与此同时，B级的B档与C级整体而言，展现出了较为明显的上升趋势，这一变化反映了这些企业在加强内部管理、优化控制流程方面所做出的努力与取得的成效。然而，在B级内部，BBB档与BB档出现了轻微但需注意的下降趋势，这可能意味着处于这两个档位的企业面临着一定的挑战，需要在内部控制体系上进一步优化与强化，以适应日益严格的监管要求和激烈的市场竞争环境。

尤为值得关注的是，D级（通常代表内部控制存在较大问题或缺陷）的下降，无疑是一个积极的信号，它表明我国上市公司在整体层面上，内部控制水平有了显著提升，更少的企业处于内部控制的低效或风险较高的状态。这一变化不仅体现了企业自身对于提升治理水平、增强风险防控能力的重视，也反映了监管部门政策引导与市场监督机制的有效作用。

（2）内部控制分项指数分析

上市公司内部控制指数作为一个综合性的评价指标体系，其构建植根于我国上市公司实施内部控制体系的实际现状之中。这一指数的设计，是围绕着内部控制的五大核心目标——合法合规、报告可靠、资产安全、经营效率及战略实现程度，精心打造而成的内部控制基本指数框架。它不仅是对企业内部控制水平的一次全面体检，更是对企业管理效能与风险防控能力的深度剖析。

本书内部控制分项指数的研究聚焦于2018—2023年这一时间段内，分析我国上市公司内部控制分项指数的变化与趋势，揭示出我国上市公司在内部控制各关键领域的实践进展与面临的挑战，见表3-2。

表3-2 　　　　2018—2023年我国企业内部控制分项指数变化

年份 \ 分项指数	内部控制指数	战略层级指数	经营层级指数	报告可靠指数	合法合规指数	资产安全指数
2023	642.62	470.52	474.23	872.17	906.39	489.81
2022	641.75	470.78	475.73	867.65	905.40	489.19
2021	643.95	508.64	474.72	855.73	893.05	487.62
2020	640.53	480.13	475.67	844.29	894.96	507.60
2019	648.79	492.32	470.40	857.79	905.53	518.24
2018	593.65	454.61	447.99	775.23	871.45	481.48

数据来源：迪博数据资讯平台。

根据对2018—2023年我国上市公司内部控制分项指数均值变化的分析，对我国上市公司内部控制分项指数进行趋势分析，如图3-2所示。

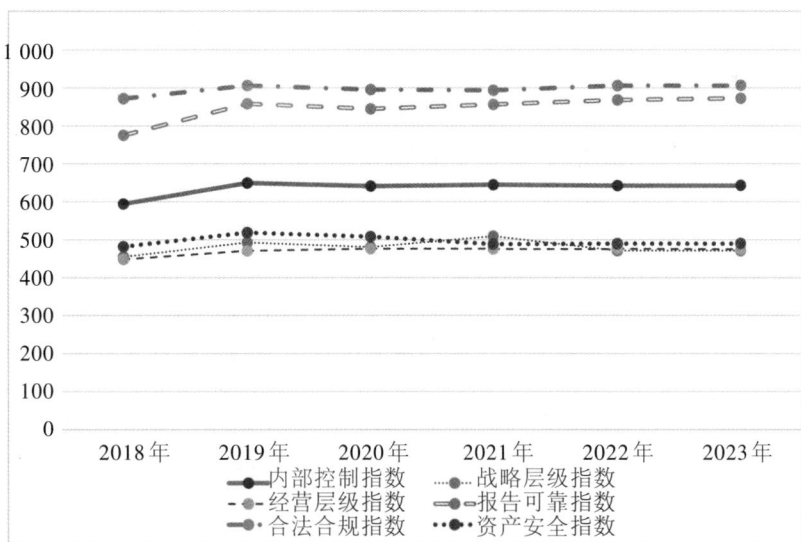

图3-2　2018—2023年我国上市公司内部控制分项指数趋势图

2018—2023年间，我国上市公司的内部控制体系经历了显著的优化与提升，其分项指数整体呈现出一种稳步上扬的积极态势，这一趋势不仅彰显了我国在企业治理与风险管理方面的持续进步，也反映了资本市场对企业内部控制重要性的日益重视。

具体而言，报告可靠指数在此期间实现了尤为显著的增长。这一指数的提升，意味着上市公司在财务报告的准确性、透明度及及时性上取得了长足的进步，为投资者提供了更为可靠的信息基础，增强了市场的信任度和稳定性。报告可靠性的增强，是公司治理结构完善、内部审计机制健全及信息披露制度严格执行等多方面努力的综合体现。

与此同时，资产安全指数虽然表现为小幅变动，但从侧面反映出我国在保障企业资产安全、防范资产流失方面保持了稳健的管理水平。尽管增幅不如报告可靠指数那样突出，但资产安全指数的稳定为企业的持续运营和健康发展提供了坚实的物质保障，是企业内部控制不可或缺的一环。

2）上市公司内部控制评价报告披露情况分析

截至 2024 年 4 月 30 日，A 股共有 5 151 家上市公司披露了年度内部控制评价报告，占披露年度报告的 A 股上市公司数量的 96.3%，整体披露情况良好。其中，深市主板几乎实现全披露，以 99.93% 的高披露率领先，深市创业板以 99.48% 的披露率紧随其后；沪市主板披露率为 95.63%，沪市科创板披露率为 94.02%。[①]

从内部控制评价报告披露趋势来看，自 2011 年上市公司开展内部控制规范体系建设以来，上市公司内部控制评价报告的披露数量逐年增长，披露比例也稳步提高，现基本维持在 94% 左右。2011—2023 年度我国上市公司内部控制评价报告披露数量及占比情况，如图 3-3 所示。

我国 A 股上市公司内部控制评价报告趋势保持了良好态势，这在一定程度上说明我国上市公司在内部控制方面取得了积极进展，大部分上市公司已经意识到内部控制评价报告的重要性，并积极履行披露义务。虽然整体披露情况良好，但不同板块间存在差异，尤其是新兴板块在披

---

① 数据来源：迪博公司编制的《中国上市公司内部控制白皮书（2024 年）》。

露的透明度方面尚有较大的提升潜力。

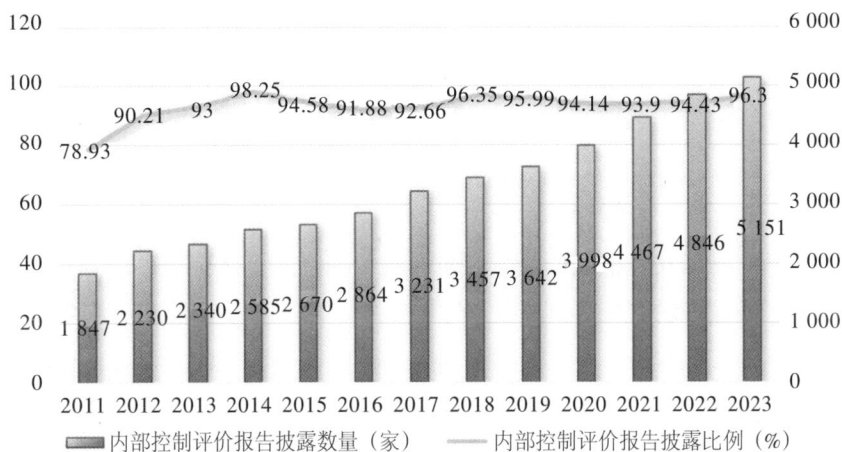

图 3-3　2011—2023 年度我国上市公司内部控制评价报告披露数量及占比情况

　　综合评估显示，上市公司董事会及其等效机构均对公司内部控制的有效性进行了全面审视，其中，5 082 家公司被认定为内部控制整体有效，占比高达 98.66%；而 69 家公司则被认定为非整体有效，仅占 1.34%。在这 69 家非整体有效的公司中，有 18 家公司财务报告内部控制有效但非财务报告内部控制失效，占比 0.35%；39 家公司则相反，其财务报告内部控制失效而非财务报告内部控制有效，占比 0.76%；另有 12 家公司两者均失效，占比 0.23%。

　　从各上市板块的具体情况来看，沪深主板上市公司的内部控制整体有效比例分别为 98.46% 和 97.86%，而沪市科创板和深市创业板的比例则分别高达 99.81% 和 99.17%，北交所上市公司的内部控制则全部被认定为整体有效。值得注意的是，在 69 家内部控制非整体有效的公司中，深市主板和沪市主板分别有 32 家和 25 家，创业板有 11 家，科创板仅有 1 家。总体而言，沪深主板上市公司在内部控制评价中非整体有效的比例显著高于其他上市板块。

　　3）我国上市公司内部控制整体评价

　　（1）内部控制指数与评价报告披露分析

　　根据迪博公司《中国上市公司内部控制白皮书（2024 年）》，我国上市公司内部控制整体水平继续提升，促进上市公司高质量发展。近三年间，内部控制指数均值分别为 642.62、641.75 和 643.95，稳中向好。但从分析结果来看，我国上市公司内部控制总体水平仍然有待加强，进入 A 级水平的公司数量相对较少。

从上市公司内部控制目标要素来看，合规性、报告可靠性、资产安全、经营效率及战略实现程度指数均有一定程度的增长或持平，展现出了积极的态势。合规性作为内部控制的基石，其指数的提升，意味着上市公司在遵循法律法规、行业规范及企业内部规章制度方面取得了显著成效，有效降低了因违规操作而带来的法律风险与声誉损失。报告可靠性的增强，则确保了公司财务报告及非财务报告信息的真实、准确与完整，为投资者、监管机构及社会各界提供了可信的决策依据。资产安全指数的稳固或增长，反映了上市公司在资产保护、防止损失及盗用方面采取了更为严密的措施，有效维护了公司资产的安全与完整。经营效率的提升，则是通过优化业务流程、提高管理效能及降低成本等方式，实现了公司运营的高效与灵活，为公司的可持续发展奠定了坚实基础。战略实现程度指数的增长或持平，则表明上市公司在将内部控制与战略目标紧密结合方面取得了积极进展。上市公司通过建立健全的内部控制体系，能够更好地识别、评估及管理战略实施过程中的风险，从而确保战略目标的顺利达成，推动公司的长期发展与价值创造。

我国上市公司在内部控制评价报告披露方面呈现出稳固且持续位于高位的良好态势。内部控制评价报告详细披露了上市公司在财务报告内部控制方面的有效性，包括内部控制设计的有效性和内部控制运行的有效性，这有助于投资者和监管机构了解公司财务报告的可靠性，从而做出更为准确的决策。除了财务报告内部控制外，内部控制评价报告还关注非财务报告内部控制的有效性，如合规性、资产安全、经营效率等，体现了内部控制在保障公司全面运营稳健方面的重要作用。上市公司的内部控制评价报告披露也深刻体现了内部控制的有效性、健全性、透明度与可信度以及监管与合规性等多个核心内容，不仅有助于提升公司自身的治理水平和运营效率，也有助于增强市场信心和保护投资者利益。

（2）我国各行业内部控制整体状况

根据中国证监会2012年版《上市公司行业分类指引》的标准和迪博公司编制的《中国上市公司内部控制白皮书（2024年）》显示，上市公司的内部控制水平展现出了显著的行业差异性。因金融业本身的高风险特性，较早地受到了政府部门的严格监管，因此，当前金融业的内部控制质量依然遥遥领先于其他行业的平均水平。除金融业外，交通运输、仓储和邮政业，以及能源等行业的内部控制指数也位居前列，并且排名保持稳定。相比之下，文体、教育、农业等行业的内部控制指数则处于末尾。因此，上市公司在基于行业特性差异、市场环境差异和监管要求差异的情况下，平衡行业间内部控制，让优势更优，提高企业经营效率，降低风险，提升企业形象和增强投资者的信心。

3.1.2 非上市大中型国有企业内部控制规范体系分析

尽管我国非上市大中型国有企业在国民经济中占据重要地位，且它们往往不享有上市公司那般频繁的市场关注与资本流动的优势，然而，这并未削弱它们在风险管理与内部控制方面的卓越表现与坚定实践。相反，众多非上市大中型国有企业在相对"低调"的运营环境中，展现出了令人瞩目的内部控制实力与成效。这些企业在缺乏公开市场监督与投资者直接压力的情况下，建立健全的内部控制体系，不仅是保障企业资产安全、确保财务报告准确性的基石，更是提升企业运营效率、防范潜在风险、实现可持续发展的关键所在。因此，该类企业纷纷致力于构建一套既符合自身业务特点，又能有效应对内外部挑战的内部控制机制。

国资委2012年下发的《关于加快构建中央企业内部控制体系有关事项的通知》是专门针对中央企业内部控制体系构建的指导性文件，并不直接包括所有类型的国有企业。然而，这并不影响地方国有企业或其他类型的企业在内部控制体系建设方面参考该通知的要求和经验。在实际操作中，各企业应结合自身的实际情况和管理特点，制定适合自身的内部控制体系建设方案。从风险管理的精细化到内部审计的独立性，从业务流程的规范化到信息系统的集成化，从员工培训的常态化到企业文化的塑造，非上市大中型国有企业在内部控制的每一个环节都力求做到尽善尽美。它们通过不断优化内部控制流程，强化内部监督机制，确保各项制度得到有效执行，从而在激烈的市场竞争中保持了稳健的发展态势。尤为值得一提的是，这些非上市大中型国有企业还充分利用了未上市所带来的灵活性与自主性，更加专注于内部控制的长期建设与持续改进，敢于尝试新的管理理念与技术手段，不断探索适合自身发展的风险管理与内部控制模式，为企业的长远发展奠定了坚实的基础。

本章节深入聚焦我国非上市大中型国有企业，以国家电网有限公司（以下简称"国家电网"）、国家电力投资集团有限公司（以下简称"国家电投"）为例展开一系列详尽而全面的分析，深入挖掘并总结这些非上市大中型国有企业在内部控制方面的经验做法，致力于演绎并生动展现我国非上市大中型国有企业在内部控制方面的全貌，力求为其他同类企业或相关研究者提供重要的参考与启示，进而促进整个行业的健康、持续发展。

1）国家电网[①]

国家电网精准把握作为中央企业的核心职能与定位，秉持发展与安全并重的原则，力求在风险与效率之间寻求平衡，进而构建了一套风险、内控与合规管理深度融合的一体化管理体系。该体系以建立健全的风险内控合规管理架构为基石，牢固构筑起"三道防线"，确保了风险评估、联防联控及监督评价机制的有序且高效运行。

在这一过程中，国家电网将风险管理、业务流程、制度规范、权限授权及绩效评价等元素深度融合到日常业务管理之中，实现了管理与业务的无缝对接。同时，国家电网大力强化信息系统的在线控制能力，利用科技手段提升管理效率与质量，确保所有运营活动均在法律法规的框架内合规进行。这一系列举措不仅有效筑牢了防范系统性风险的坚固底线，更为国家电网的持续高质量发展提供了坚实的支撑与保障，彰显了

---

① 崔罡，胡志成，张庆亮，等.国家电网风险内控合规一体化运行体系的探索与实践[J]. 财务与会计，2021（23）：31-34.

国家电网在风险管理与合规经营方面的卓越能力与前瞻视野。

（1）主要做法

①构建一体化管理体制

一是基于法人治理结构，构建风险内控与合规管理相融合的一体化管理架构。国家电网设立了审计与风险管理委员会，作为董事会的专项工作机构，指导风险内控合规体系的建设，评估并监督体系的完整性和有效性，充分发挥其在决策领导层面的作用。在经营层面，国家电网成立了全面风险管理委员会，负责具体落实公司党组和董事会对风险内控合规管理的各项要求。

二是构建了一体化的风险内控合规"三道防线"。国家电网坚持业务管理与风险内控合规的紧密结合，将风控管理要求融入日常工作和业务流程中，构建由业务部门、风险内控合规职能部门、审计、巡视巡察等内部监督部门组成的"三道防线"，形成纵向全面贯通的风险内控合规组织架构，确保工作的顺利开展和体系的有效运行。

②健全系统化运行机制

一是风险评估与防控系统化。国家电网对年度重大风险实施了全面而细致的评估工作，不仅建立了动态跟踪机制以确保对各类风险的实时监控，还进一步深入开展了专项风险评估，旨在精准识别并量化潜在风险的影响程度与发生概率。同时，国家电网高度重视合法合规性审查，通过严格的审查流程，确保所有业务操作均符合法律法规要求，维护企业的良好形象与运营安全。

在此基础上，国家电网还针对不同业务板块的特性，采取了差异化的风险监测策略。在产业布局方面，国家电网密切关注政策导向、市场变化及行业竞争态势，及时调整战略方向，以规避行业系统性风险。在金融监测与分析领域，通过先进的金融工具和模型，对资金流动、市场利率、信用风险等进行深入分析，保障资金安全与金融业务的稳健发展。此外，对于资产运营板块，国家电网实施了精细化的资产管理，通过定期盘点、效率评估及风险预警，确保资产价值最大化，同时有效防控资产损失风险。

二是监督评价系统化。国家电网各级单位针对环境治理、资金管理、材料采购、工程管理等高风险领域，结合自身业务特色，全面开展自评价工作，旨在规范流程、消除盲区、确保有效运行，通过查找差距、弥补短板，推动管理水平持续提升。充分利用审计、巡视、专项检查及内控监督评价等多方面工作成果，实现问题线索共享，建立问题台账，并严格落实整改销号制度。通过定期开展整改问题"回头看"，以整改促建设，不断优化内控体系设计，强化制度规范执行，确保企业依法合规经营，有效防范各类风险，推动风险内控合规体系持续迭代升级。此外，国家电网将风险内控合规纳入企业负责人业绩考核体系，并加强日常工作开展情况的通报。实施差异化考核，将重大风险事件、核心风险监管指标、违规风险事件等纳入市场化金融单位考核范围，提高风险考核的针对性和有效性。

③引入 COSO 内控框架

国家电网深度融合 COSO 风险管理框架的 20 条核心原则与内部控制五要素，研究并编纂了《风险管理、内部控制与合规管理操作指南》，该指南以直观的流程图形式生动展现了业务管理的全链条流程。一是按照"标准统一、上下联动、专业协同"原则，构建电网主业、产业、金融、国际业务四个板块重大风险分类框架体系，明确风险成因、表现形式和产生影响，形成统一的企业级风险信息库。二是基于国家电网发展战略、组织架构和运行模式，贯通跨层级、跨专业的业务流程脉络。三是以推进治理体系和治理能力现代化为目标，构建以法人治理授权和管理授权为框架，以合法合规审查制度、授权清单制度和定期报告制度为核心的授权管理体系。四是依托企业信息化建设，将业务流程、关键控制点、内控规则、合规要求规则固化至业务信息系统，实现系统自动校验控制，减少人为干预，增强管控刚性约束力。

（2）应用成效

一是构建了一套高度融合的风险内控与合规一体化管理体系。国家电网将 COSO 内部控制框架的五要素与《企业内部控制基本规范》中的外部管理控制标准相融合，转化并内化为涵盖风险管理、业务流程、权限授权、制度建设、绩效评价及信息技术支持等核心要素的企业内部管控机制。通过这一创新举措，国家电网成功打造了一个企业级、全方位、多层次的风险内控合规体系，该体系不仅深植于风控理论基础之上，还紧密贴合外部合规监管要求，同时深度融入企业内部的具体操作实践，展现出鲜明的国家电网特色。此体系的有效运行，为国家电网的生产经营活动提供了坚实的安全保障，为经营管理的科学决策提供了有力支撑和服务，更为企业战略目标的顺利实现注入了强劲动力，这一风险内控合规一体化管理运行体系是国家电网在复杂多变的市场环境中稳健前行、持续发展的坚实基石。

二是风险管理能力显著提升。国家电网内部控制体系构建了一套完善的风险防范机制，着重强调了风险防范的全面性、风险职责的全员性及风险管控的全程性。通过这一体系的深入实施，国家电网不仅明确了各单位、各部门乃至各岗位在风险管理中的具体职责，还进一步规范了公司风险管理的整体程序，确保了风险管理的系统性和规范性。在此基础上，国家电网还大力增强了各级人员的风险意识，通过培训、宣传等多种方式，使全体员工深刻认识到风险管理的重要性，形成了全员参与、共同防范的良好氛围。这些举措有效地提升了国家电网应对风险的整体响应能力，无论是在风险识别、评估、监控还是应对方面，国家电网都能够迅速、准确地做出决策，将风险控制在最低水平。

三是增强了经营管理的效率与成效。国家电网内部控制机制尤为注重在风险与效益之间寻求平衡，通过实施持续性的监督与评价工作，公司不断审视内部控制体系设计的合理性，积极探寻效率提升的新空间。同时，公司将关键控制点融入信息系统的设计与应用中，有效减少了不必要的冗余控制环节，从而大幅节约了运营成本，确保了经营效益与效率的持续稳步增长。这些创新举措不仅赢得了市场的广泛认可，还使得公司连续获得标普、穆迪、惠誉这三大国际权威评级机构的国家主权级评价，各项经营指标更是连年刷新纪录，彰显出卓越的经营绩效。此外，国家电网还连续9年荣获国资委业绩考核A级评定，进一步证明了其在经营管理方面的卓越成就与领先地位。

2）国家电投

2015年，国资委印发《关于全面推进法治央企建设的意见》，鼓励中央企业探索建立法律、合规、风险、内控（以下称"四项职能"）一体化管理平台。2019年，国资委发布《关于加强中央企业内部控制体系建设与监督工作的实施意见》，提出建立健全以风险管理为导向、合规管理监督为重点，严格、规范、全面、有效的内控体系，实现"强内控、防风险、促合规"的管控目标。

国家电投积极落实国资委要求，从推动公司战略发展的高度，深入研究四项职能一体化管理平台建设的可行性，结合业务特点和企业管理实际，在四项职能体系各自独立的前提下，将其统一在法治建设的框架下，以四项职能协同运作作为一体化管理平台建设的逻辑基础和切入方式，基本形成面向业务、基于流程、根植岗位的四项职能协同运作模式，取得了较好的效果。

（1）协同运作总体思路

协同运作基于法治框架的四项职能协同运作模式，以体制协同为前提，以体系协同为基础，以机制协同为主线，以岗位协同为重点，以规范化、信息化、智能化、数字化为手段，以人才队伍建设为保障，聚焦关键事项实现"一岗式审查"，聚焦内控体系实现"一站式评价"，聚焦风险管控实现"全景式支持"。

（2）协同运作的主要做法

①基于法治框架的四项职能协同运作模式

一是体制协同。国家电投将法律、合规、风险、内控（以下称"四项职能"）统一在法治建设的框架下，通过党组织和董事会的双重领导，确保四项职能在公司治理和职能管理中的定位清晰，形成有效的协同关系。二是体系协同。在管理理念、机构设置、职责划分、方法工具、人员配置等管理要素方面，国家电投将四项职能进行有机融合，为协同运作提供组织保障。三是机制协同。通过审查决策事项、法律文件、体系文件等，发现业务领域风险，确定专项评价和风险管控重点领域，实现四项职能在工作事项、规则、程序、标准、评价等方面的有机联系和高效运转。四是岗位协同。在岗位上明确职责，相互配合，实现合同、协议、章程、投资项目等决策事项和法律文件审查一次完成，提高工作效率和质量。

②内控合规手册的编制与实施

国家电投发布了《内控合规手册》（A版），该手册共计7章46节，涵盖了合规基础知识、合规管理介绍、合规整体框架、合规操作标准、法律法规索引、合规管理案例库等内容，为企业管理提供了一种内控自评的管理工具。通过手册的编制与实施，国家电投加强了内控第一道防线建设，不断提升集团公司依法合规管理水平。

③信息化平台的建立

国家电投通过构建一个高度集成、功能全面的信息化平台，打破传统管理模式下的信息孤岛，实现法律、合规、风险、内控四项职能协同运作和信息共享，提高内部控制的效率和透明度。通过该平台，国家电投得以将四项职能的工作流程、数据资源、知识库等关键要素进行深度整合与共享。无论是合同审查、风险评估，还是合规审核、内控评价，各类信息都能在平台上实时更新、快速传递，确保了决策层能够及时掌握最准确、最全面的信息，从而做出更加科学、合理的决策。

此外，信息化平台还极大地提高了内部控制的效率。传统的人工操作模式往往耗时费力，且易出错，而信息化平台通过自动化、智能化的技术手段，大大简化了工作流程，减少了人为干预，使得内部控制的各个环节都能更加顺畅、高效地运行。同时，信息化平台的建立也显著提升了内部控制的透明度，所有与四项职能相关的操作、决策、结果等信息，都能在平台上进行公开、透明的展示，这不仅增强了员工对内部控制的信任感和参与度，也为外部监管机构和社会公众提供了更加便捷、有效的监督渠道。

④持续进行内控缺陷整改与优化

国家电投始终将内部控制的监督与评价作为核心工作之一，建立了一套完善的监督机制，包括日常监督和专项监督，以确保对内部控制体系的全面覆盖和深入剖析。

在日常监督方面，国家电投通过定期的内部审计、风险评估和合规检查，对各项业务流程和操作环节进行细致审查，及时发现潜在的风险点和内控缺陷。而在专项监督方面，国家电投则针对特定领域或高风险环节，开展更为深入和细致的检查与评估。例如，针对重大投资项目、关键采购活动或重要合同履行情况，公司会组织专门的监督小组，进行全面的审查和审计，以确保这些关键环节的内部控制得到有效执行。

在监督过程中，一旦发现内部控制存在缺陷或不足，国家电投会立即启动整改程序。公司会根据缺陷的性质和严重程度，制订详细的整改计划，明确整改责任人和整改时限，并跟踪整改进度，确保整改措施得到有效落实。国家电投注重持续优化内部控制体系，公司会根据外部环境的变化和内部管理的需要，不断调整和完善内部控制制度和流程，以适应新的业务需求和风险挑战。

（3）应用效果

①进一步加强企业风险防控

国家电投通过基于法治的法律、合规、风险、内控协同运作，充分地统筹了项目前期、建设期（实施阶段）、运营期、退出期"全生命周期"各阶段的风险管控；统筹了企业管理"三道防线"各维度的风险管控；统筹了职能监督、审计监督、法律监督、合规监督、巡视监督"大监督"格局下风险事项的整改和处置。通过全面的风险评估和监控，国家电投能够及时发现并应对潜在风险，确保企业稳健运营。

②提升管理效率与透明度

国家电投通过智慧合同管理系统与智慧合规管理系统集成内控流程，实现了全生命周期合同管理，从起草到归档，每个环节都融入智能化监管，显著提升了合同管理的效率和透明度，同时，智能提取合同要素、识别合同相对方及一致性审查等功能，进一步降低了风险并提高了效率。国家电投通过信息化平台，使法务系统与其他业务系统集成，增强了监控能力，实现了信息共享，提升了整体管理效率。

③促进可持续发展与国有资产安全

智能化技术的整合不仅提升了中央企业内部控制体系的建设和监督效率，还帮助企业适应市场变革和国际形势的复杂性，为企业可持续发展和国有资产安全提供坚实保障。国家电投通过加强跨境智能合同与合规管理，应用智慧系统适应不同国家法规，优化境外资产配置，增强了透明度和合规性，有助于公司在国际市场上树立良好的企业形象。

根据国家电投官方发布的信息，公司在实施内部控制创新举措后，不仅内部控制水平得到了显著提升，整体业绩也实现了稳步增长。例如，在清洁能源领域，国家电投的控股装机规模、清洁能源占比、营收、利润等指标均创历史最高水平，这充分证明了其内部控制创新举措的有效性和实用性。

3.2 现实困境

3.2.1 风险管理视域下企业内部控制共性问题分析

1）被动实施，流于形式

（1）制度制定与执行脱节

①制度空泛，执行不力。部分企业在制定内部控制制度时，过于追求大而全，缺乏针对性和可操作性，难以在实际工作中得到有效执行。一些企业虽然制定了较为完善的内部控制制度，但在执行过程中却大打折扣。例如，对于关键控制点，没有严格按照制度要求进行审批和监督，导致内部控制流于形式。

②内控设计目标定位不准确。有的企业在设计业务流程相关内部控制制度时，存在设计目标不集中、思路不清晰的问题，往往会导致内控设计目标定位不准确。

③目标分散，缺乏统一性。内控设计目标过于分散，不同部门或业务流程的内控目标各自为政，各个目标之间缺乏整体协调和整合性，导致内控措施难以形成合力，在造成内控资源的浪费和重复劳动的同时，无法有效支持企业整体战略目标的实现。

④目标模糊，缺乏明确性。内控设计目标过于抽象或笼统，没有具体的量化指标和衡量标准，导致员工在执行业务相关内控措施时难以把

握重点和方向，导致内控执行不佳，无法准确评估内控效果。

⑤目标缺乏层次性，难以分解实施。内控目标没有按照企业组织架构和业务流程进行层层分解和细化，缺乏层次性和分解性，使得内控措施难以具体落实到各个部门和业务流程中，导致内控执行责任不明确，难以形成有效的内控体系。

⑥目标过于短视，缺乏长远性。有的企业过于关注内控业务流程的具体目标，注重短期利益和风险防范，而忽视了内控制度应服务于企业的战略发展目标，忽视了企业的长期发展战略和可持续发展需求；或是当企业战略目标和业务模式发生变化时，内控程序未能及时跟上变革的步伐，缺乏对未来发展趋势的预测和应对能力。这可能导致内控制度与企业实际业务需求脱节，无法有效应对企业面临的风险。

（2）内部控制意识薄弱

一是管理层忽视。部分企业管理层对内部控制的重要性认识不足，将其视为一种形式上的要求，而非提升企业管理水平和风险防范能力的有效手段，导致企业的内部控制制度形同虚设。

二是员工参与度低。由于管理层对内部控制的不重视，导致员工往往认为内部控制是管理层或财务部门的事情，与自己关系不大，也缺乏相应的内控意识和责任感，在工作中缺乏主动性和积极性。

（3）执行不规范，形式主义严重

①内控流程执行不规范

即使企业设计了科学合理的内部控制流程，但在执行过程中也可能存在不规范的问题，导致内控制度形同虚设，无法有效实施风险防范。

A.有章不循。企业虽然制定了明确的业务流程和内控规范，但在实际执行过程中却形同虚设，员工不按照规定的流程进行操作，而是根据个人习惯或便利进行变通处理。例如，在销售流程中，销售人员未按照规定签订销售合同，而是直接与客户进行口头交易。

B.授权审批不严。在业务流程中，授权审批环节存在的执行不严、权限分配不明确等问题，导致权力滥用或舞弊行为发生。例如，在资金支付流程中，未对支付申请进行严格的审核和审批，导致资金被非法挪用或侵占。

C.信息记录不完整。在业务流程执行过程中，对关键信息的记录不完整或不准确。例如，在采购入库流程中，未对入库商品的数量、质量、价格等信息进行准确记录，导致库存账实不符或成本计算错误。

②形式主义严重

A.部分企业应付检查。一些企业在进行内部控制时，往往是为了应付外部监管或内部审计的检查，通过临时抱佛脚、补台账、补签字等方式来掩盖内控缺陷和不足。

B.部分企业作表面文章。部分企业在制定内部控制制度时，过于注重形式和表面文章，追求制度的完美和辞藻华丽，而忽视了制度的实用性和有效性。

2）机械照搬，未结合实际业务

许多企业的内部控制业务流程设计往往未能充分考虑实际业务流程的需求和特点，导致内控流程与实际业务操作不匹配。具体表现在以下几个方面：

（1）流程设计、执行与实际业务脱节，缺乏实用性

内控业务流程设计过于理想化或理论化，未充分考虑企业的业务特点、运营流程、市场环境变化及法律法规要求等因素，与企业实际业务需求和风险状况脱节，内控措施在实际业务流程执行中难以落地。

内控流程的执行进度与业务执行进度不一致，或者流程执行中存在人为干预或变通处理的情况，也导致内控措施滞后于业务操作，削弱了内控流程的有效性，无法及时防范和纠正潜在风险。

（2）跨业务流程衔接不畅

企业内部控制跨业务流程衔接不畅指的是企业在不同业务流程之间，由于各种原因导致的信息传递不畅、责任不清、执行标准不一致等问题，使得内控流程无法顺畅衔接，影响企业的整体运营效果，表现在以下几个方面：

①信息传递与沟通问题。信息传递与沟通是跨业务流程衔接的基础，延迟、失真和误解都会打断流程的连续性，降低工作效率，使得部门间难以形成有效的协作和配合。如在跨业务流程中，关键信息在不同

部门间传递时存在时间滞后，导致后续流程无法及时启动或执行。在信息传递过程中，由于编码、解码差异或沟通不畅，信息可能被误解或失真，影响决策准确性。如果缺乏有效的跨部门沟通渠道和机制，会导致信息无法顺畅传递，问题难以及时解决。

②流程设计与标准化问题。流程设计的合理性和标准化程度直接影响跨业务流程的衔接效率。不合理的设计会导致流程中断或重复，而缺乏标准化则增加了执行过程中的不确定性和错误率。如果跨业务流程设计不合理，内部控制设计时未充分考虑各部门间的协同需求，会导致流程衔接处存在空白或冲突。如果缺乏标准化操作，不同部门对同一业务流程的理解和执行会存在差异，缺乏统一的标准和规范等。

③责任划分与协同问题。责任划分不清和协同工作困难是跨业务流程衔接不畅的常见问题，这不仅影响流程的执行效率，还可能导致企业出现内部矛盾和资源浪费。责任划分不清表现为跨业务流程中各环节的责任主体不明确，导致问题出现时无人负责或责任推诿。协同工作困难则是部门间缺乏有效的协同机制，导致工作重复、遗漏或冲突。

④技术支持与系统集成问题。技术支持和系统集成是现代企业内部控制的重要组成部分。技术支持不足和系统集成度低会限制跨业务流程的协同效率和数据准确性，进而影响企业的整体运营效果。如果企业信息化水平不高，会缺乏有效的技术支持来保障跨业务流程的顺畅进行；如果不同部门使用的信息系统相互独立，系统集成度低，无法实现数据共享和互通，会影响流程衔接。

⑤文化与意识问题。文化和意识问题虽然较为隐性，但对跨业务流程衔接的影响不容忽视。基于风险管理的企业内部控制协作文化的缺失和风险管理意识的不足都会降低部门间的协同效率和风险应对能力。如果企业内部缺乏协作文化，部门间存在壁垒和隔阂，会影响跨业务流程的衔接。再则，员工对跨业务流程中的风险认识不足，缺乏主动识别和防范风险的意识，也是当前企业经营过程中面临的普遍问题。

3）内部控制与风险管理两层皮或油水分离

内部控制与风险管理之间存在的"两层皮"或"油水分离"问题，主要体现在实践中两者未能有效融合，各自独立运作，从而未能充分发挥协同效应。以下是该问题的具体表现形式：

（1）意识层面上的分离

许多企业过于重视外部竞争，而忽视了内部控制与风险管理的重要性。这种意识上的薄弱导致企业在面对风险时缺乏预警和防范措施，往往只能在问题出现后才被动应对。

内部控制与风险管理目标不一致。部分企业将内部控制与风险管理视为两个独立的目标，没有将两者紧密结合起来，这导致企业在制定战略和日常运营中，无法将风险管理与内部控制的要求贯穿始终。

（2）制度设计上的分离

一些企业的内部控制制度和风险管理体系各自为政，缺乏相互衔接和支撑。例如，内部控制制度可能未能充分考虑风险管理的需求，而风险管理体系也可能未能充分利用内部控制的成果。

在流程设计上，内部控制与风险管理往往存在重复或缺失的环节。这不仅增加了企业的运营成本，还可能导致风险管理的漏洞和盲点。

（3）执行层面上的分离

尽管企业制定了内部控制和风险管理制度，但在执行过程中往往流于形式。例如，对于关键控制点和风险点，缺乏严格的审批和监督机制，导致制度无法得到有效落实。

内部控制与风险管理需要企业各部门之间紧密合作和信息共享。然而，在实践中，由于信息沟通不畅，各部门往往各自为政，无法形成协同效应。

（4）监督与评价机制上的分离

许多企业缺乏针对内部控制与风险管理的有效监督机制，这导致企业在面对风险时无法及时发现和纠正问题，从而增加了企业的运营风险。

在内部控制与风险管理的评价方面，企业往往采用不同的标准和方法，这导致评价结果难以相互比较和借鉴，无法为企业的决策提供有力支持。

（5）文化与组织层面上的分离

企业文化是影响内部控制与风险管理融合的重要因素。如果企业文化中缺乏风险意识和内部控制精神，那么内部控制与风险管理就很难得到有效融合。

一些企业的组织结构不合理，导致内部控制与风险管理部门之间缺乏有效的沟通和协作。例如，风险管理部门可能无法及时获取内部控制部门的信息，从而无法做出准确的风险评估和应对措施。

4）忽视内部控制评价的重要性

（1）内部控制环境薄弱

一些企业缺乏对内部控制重要性的认识，内部控制环境薄弱，这包括领导层对内部控制重视不足，观念落后，将内部控制等同于内部牵制或内部监督，没有认识到内部控制涉及企业生产的各个环节。这种观念上的偏差导致内部控制评价被忽视，无法形成有效的内部控制体系。

（2）内部控制评价制度不健全

许多企业虽然建立了内部控制制度，但缺乏健全的内部控制评价制度。这表现在没有明确的评价标准和程序，评价工作往往流于形式，无法真正反映内部控制的有效性和合规性。由于缺乏科学的评价制度，内部控制评价的结果往往无法为企业决策提供有力支持。

（3）内部控制评价执行不力

即使企业建立了内部控制评价制度，但在执行过程中也往往存在诸多问题。例如，评价工作可能由不具备专业胜任能力的人员负责，导致评价结果不客观、不准确；或者评价工作缺乏独立性，受到管理层或其他利益相关者的干预，影响评价结果的公正性。此外，一些企业可能忽视内部控制评价的持续性和动态性，没有定期对内部控制进行评价和更新，导致内部控制评价无法适应企业业务发展和外部环境的变化。

（4）内部控制评价结果利用不足

即使企业进行了内部控制评价，但往往忽视对评价结果的利用。这表现在没有根据评价结果对内部控制进行改进和优化，或者改进措施没有得到有效执行。此外，一些企业可能缺乏对内部控制评价结果的深入分析和挖掘，无法发现潜在的风险和问题，导致内部控制评价无法发挥其应有的预警和防范作用。

（5）内部控制评价与风险管理脱节

内部控制评价与风险管理是企业内部控制体系的两个重要组成部分，但一些企业往往忽视两者之间的内在联系。这表现在内部控制评价没有充分考虑企业的风险因素，或者评价结果没有与风险管理策略相结合。这种脱节现象导致内部控制评价无法为企业的风险管理提供有力支持，也无法有效应对企业面临的各种风险和挑战。

5）风险评估机制僵化，没有关注到个性化的风险

企业内部控制活动中，风险评估机制僵化、没有关注到个性化的风险的问题，具体表现形式如下：

（1）风险评估方法单一且过时

许多企业仍在使用传统的、固定的风险评估方法，如定性分析或简单的定量模型，这些方法可能无法准确反映企业当前面临的复杂风险环境。随着市场环境的快速变化和企业业务的不断发展，传统的风险评估方法可能无法捕捉到新兴的风险因素，导致风险评估结果失真。

（2）风险评估周期过长

一些企业可能设定了固定的风险评估周期，如每年或每季度进行一次，但这种定期评估的方式可能无法及时响应市场变化和企业业务的快速发展。在快速变化的市场环境中，风险可能随时出现并迅速演变，过长的评估周期可能使企业错失应对风险的最佳时机。

（3）风险评估范围狭窄

许多企业在进行风险评估时，往往只关注财务风险、市场风险等传统风险领域，而忽视了操作风险、战略风险、声誉风险等其他同样重要的风险领域。这种狭窄的风险评估范围可能使企业无法全面识别和管理所有潜在风险，从而增加企业的风险暴露。

（4）风险评估缺乏灵活性

一些企业的风险评估机制过于僵化，无法根据企业业务的实际情况和市场环境的变化进行灵活调整。例如，企业可能面临新的业务模式、新的市场环境或新的竞争对手等变化，但风险评估机制却无法及时响应这些变化，导致风险评估结果无法准确反映企业的实际风险状况。

（5）风险评估忽视个性化风险

每个企业都有其独特的业务模式、运营环境和风险特点，但一些企业在进行风险评估时却忽视了这些个性化因素。它们可能采用"一刀切"的风险评估方法，没有针对企业的具体情况进行定制化的风险评估。这种忽视个性化风险的做法可能导致风险评估结果不准确，无法为企业提供有效的风险防控建议。

6）内控流程更新滞后

企业内部控制是确保企业资产安全、财务报告准确、业务运营高效及遵守法律法规的重要机制。然而，许多企业在内控流程更新上往往存在滞后现象，这会给企业带来多方面的风险和挑战。以下是从企业业务角度出发，对内控流程更新滞后问题的分析：

（1）技术进步的快速性与内控更新的缓慢性不匹配

随着信息技术的飞速发展，企业的运营模式、数据处理方式和交易手段都在不断变化。云计算、大数据、人工智能等新技术的应用要求内控体系能够快速适应这些变化。相比技术的快速发展，内控流程的更新往往滞后，因为更新需要时间来评估新技术对内控的影响、设计新的控制措施、培训员工等。技术进步的快速性与内控更新的缓慢性不匹配，导致企业在新技术应用中面临更高的风险，如数据泄露、系统安全漏洞、欺诈行为等。

（2）业务发展与内控建设不同步

企业在追求市场扩张和业绩增长时，往往会快速推出新产品、进入新市场或进行并购活动。业务扩张带来的复杂性增加，但内控建设往往没有跟上步伐，导致新业务领域缺乏有效的控制，这会增加企业管理的难度，降低运营效率，甚至可能导致业务失败或法律纠纷。

（3）企业的组织文化与内控意识的缺失

一些企业存在"重业务轻内控"的现象，认为内部控制是束缚企业业务发展的障碍，组织文化和内控意识缺失，直接导致内控流程更新动力不足，影响企业内部控制建设的积极性。

企业组织文化缺失具体表现为：缺乏共同价值观与行为准则，容易导致行为上的不一致性，影响内部控制的执行。风险管理与合规意识薄弱，没有形成良好的风险管理文化，企业难以对潜在风险进行及时识别和有效应对，同时，合规意识的不足也可能导致企业在经营过程中违反法律法规，增加法律风险。沟通障碍与信息不畅，员工之间、部门之间缺乏有效的沟通和协作机制，使得内部控制信息无法及时传递和处理，影响内部控制的效率和效果。创新动力不足与思维保守，员工在工作中缺乏创新思维和冒险精神，更倾向于维持现状而不是寻求变革和改进，这不利于企业内部控制制度的持续优化和完善。

企业内控意识缺失表现为：对内部控制重要性的认识不足，许多企业管理层和员工对内部控制的重要性认识不足，将其视为一种形式上的要求而非企业管理的核心组成部分，这种观念导致企业在内部控制建设上投入不足，内部控制措施难以得到有效执行。内控制度执行不力。内控意识不足还体现在企业对内控制度的执行不力上，即使企业制定了完善的内控制度，但由于执行人员的内控意识淡薄、责任心不强等原因，导致内控制度流于形式，无法发挥其应有的作用。风险评估与应对能力欠缺。内控意识不足还可能导致企业在风险评估和应对能力方面的欠缺，企业无法及时识别潜在风险并采取有效措施进行应对，从而增加经营风险和经济损失。

（4）资源投入不足

企业在面对成本控制压力时，往往会削减非直接业务部门的预算，包括内控部门，由此带来的资源投入不足导致内控部门在更新流程、提升技术、培训员工等方面的能力受限。具体表现为：

①人力资源。企业未配置足够数量的具备丰富的财务、审计、风险管理等知识的内部控制专业人员来负责业务流程内部控制的设计与执行。现有内控人员可能因工作量大、任务繁重等原因而无法充分投入时

间和精力来优化和完善内部控制流程。

②财力资源。企业因预算限制而无法为内部控制提供充足的资金支持，这包括培训费用、信息系统升级费用、第三方审计费用等，而有限的财力资源可能导致企业在面对新技术、新方法时望而却步，无法及时引入先进的内部控制工具和技术。

③物力资源。企业可能缺乏业务流程内部控制所需的特定设备或工具等必要的办公设施、信息系统硬件和软件等物力资源来支持内部控制的实施，或者因采购成本高或维护困难而无法对信息系统提供及时、准确的数据运维与系统更新。

（5）监管要求与内部执行的差距

外部监管环境在不断变化，新的法律法规、行业标准和监管要求不断涌现，企业可能没有及时将这些外部要求内化为自身的内控流程，或者即使内化了也没有得到有效执行，也未能充分考虑因外部环境变化而新出现的风险点和业务特点，导致内部控制执行缺失或者滞后，企业面临合规风险，无法有效应对新风险和新挑战。

7）会计师事务所对企业内部控制审计走过场

会计师事务所对企业内部控制审计走过场问题表现在审计程序、审计标准、审计独立性、审计质量及专业胜任能力等多个方面。

（1）审计程序流于形式

①缺乏深入调查。会计师事务所可能只是对企业内部控制体系进行表面上的审查，而没有深入调查其实际执行情况和有效性。

②省略关键步骤。为了节省时间和成本，会计师事务所可能省略了一些关键的审计步骤，如符合性测试、实质性测试等。

③审计抽样不科学。在审计抽样过程中，会计师事务所可能未遵循科学的抽样方法，导致样本无法代表整体，从而得出片面的审计结论。

（2）审计标准不严格

①评价标准模糊。会计师事务所在审计过程中可能使用模糊的评价标准，导致审计结果的主观性和随意性较大。

②忽视重大缺陷。即使发现了企业内部控制的重大缺陷，会计师事

务所也可能因为各种原因而选择忽视或淡化处理。

③缺乏持续监督。审计完成后，会计师事务所可能未对企业内部控制的改进情况进行持续监督，导致审计结果无法得到有效落实。

（3）审计独立性受损

①受被审计单位影响。会计师事务所可能受到被审计单位的影响，如管理层压力、经济利益诱惑等，导致审计独立性受损。

②审计意见不客观。在审计意见的形成过程中，会计师事务所可能受到外部因素的干扰，导致审计意见不客观、不公正。

（4）审计质量不高

①审计证据不充分。会计师事务所可能未收集到充分的审计证据来支持其审计结论，导致审计结果的可信度降低。

②审计工作底稿不规范。审计工作底稿是审计过程的重要记录，但会计师事务所可能未按照规范要求编制和保存审计工作底稿，导致审计过程无法追溯。

③审计报告不准确。最终的审计报告可能未能准确反映企业内部控制的实际情况和存在的问题，无法为企业管理层提供有价值的参考意见。

（5）缺乏专业胜任能力

①审计人员素质不高。参与企业内部控制审计的审计人员可能缺乏足够的专业知识和实践经验，无法胜任复杂的审计任务。

②对新兴风险认识不足。随着市场环境和业务模式的快速变化，新兴风险不断涌现。如果会计师事务所对这些新兴风险认识不足，就无法在审计过程中有效识别和评估这些风险。

3.2.2　风险管理视域下行业企业内部控制差异性问题分析

不同行业企业，由于其独特的业务特性、运营模式、所面临的风险类型及具体的管理需求等方面的显著差异，导致各行业内部控制体系构建的多样性和复杂性。这些差异不仅体现在企业日常运营的细微之处，更深刻地影响着企业内部控制的设计、实施与效果评估。正因如此，深入探究并理解这些行业间的差异化问题，对于全面提升企业内部控制的有效性和针对性具有至关重要的意义。

本书依据迪博公司《中国上市公司内部控制白皮书（2024年）》的深度数据分析结果，金融业的内部控制指数展现出了卓越表现，这一优势在很大程度上得益于其高度的资金流动性和杠杆效应、行业的特殊性与职能机构的监管要求，即便如此，金融业内部控制体系必须维持这一高标准，精准识别并有效管理信用风险、市场风险、操作风险等多种复杂风险，确保金融交易的合规性、安全性与透明度。制造业与建筑业在内部控制方面展现出了较高水平和稳定的态势，表明这两个行业在风险管理与内部控制实践上已取得一定成效。作为驱动型行业，制造业和建筑业在国内生产总值中占据重要地位，对经济增长和社会发展有着显著的推动作用。制造业更加注重生产流程的优化、成本的控制及供应链管理的高效，其内部控制的重点可能更多集中在物料采购、生产计划、质量控制等环节，以防范生产中断、成本超支等风险。建筑业内部控制的挑战在于如何有效管理项目周期、成本控制、施工安全及合规性问题，确保每个项目都能按时、按质、按预算完成。

值得注意的是，尽管农业的内部控制水平相较于其他某些行业而言可能显得相对较低，但这一状况并不能掩盖或削弱其在国民经济中作为基础产业所扮演的关键角色，以及其内部控制所蕴含的不可忽视的重要性。农业不仅是食物供给的源泉，保障着国家的粮食安全和民众的基本生活需求，而且是众多工业品原料的供应地，支撑着整个经济体系的稳定运行。在此背景下，农业的内部控制不仅关乎农业生产效率的提升、资源的合理配置及成本的有效控制，更直接关联到农产品的质量与安全，进而影响到消费者的健康福祉和社会经济的可持续发展。一个健全的内部控制体系能够帮助农业企业有效识别并应对自然灾害、市场波动、技术更新等内外部风险，确保农业生产活动的连续性和稳定性，同时促进农业技术的创新与推广，提高农业生产的整体竞争力和适应能力，为整个国民经济的稳定增长奠定坚实的基础。

鉴于此，本书挑选了这四个具有代表性的行业——金融业、制造业、建筑业及农业，作为行业企业差异的内部控制问题分析的切入点。通过对比不同行业在内部控制上的表现与特点，旨在深入挖掘上述行业在风险防控、制度建设、执行效率等方面的问题与不足，从而为相关行业乃至更广泛的企业群体提供有益的借鉴与指导，促进整体内部控制水平的提升。

1）金融业

（1）内部控制制度建设与执行不力

①制度建设不完善。部分金融机构在内部控制制度建设时未能充分考虑行业特性和企业实际内控需求，导致制度缺乏针对性和有效性。

②执行不到位。虽然金融机构普遍建立了内部控制相关制度，但在实际执行过程中存在执行不力、监管不到位等问题，影响了制度的有效性和权威性。

（2）风险管理机制不健全

①风险评估方法和技术落后。风险评估方法和技术主要局限于信用风险，对市场风险、利率风险、外汇风险等其他业务的风险评估不足，且缺乏科学的内部评级法和模型等定量分析手段。

②风险应对能力不足。面对复杂多变的金融市场环境，部分金融机构缺乏有效的风险应对策略和应急预案，难以及时应对和处置潜在风险。如未建立完善的信用评估体系，以对客户进行严格的信用审查和风险监控。面对汇率风险、利率风险等市场风险，缺乏健全的市场预测和风险管理机制，未制定有效的风险应对策略。

（3）监督与反馈机制不完善

①监督机制缺失。部分金融企业在内部监督方面存在明显缺失。内部审计独立性不足，审计机构对各级管理人员的监督存在盲点。同时，外部监管机构对企业的监督也存在一定的局限性和滞后性，难以及时发现和纠正企业内部控制存在的问题。

②反馈机制不健全。对于发现的内部控制问题和违规行为，部分金融企业缺乏及时有效的反馈和整改机制，导致问题得不到及时解决，违规行为得不到有效遏制，甚至可能引发更大的风险事件。

以海银财富为例，作为一家曾经叱咤风云的财富管理公司，因涉嫌非法集资被立案调查，其创始人韩某某及其子韩某等多名高管被采取刑事强制措施。海银财富通过虚构底层资产、构建庞氏骗局等手段，非法募集了巨额资金，最终资金链断裂，导致大量投资者血本无归。回顾事件本身，反映出企业内部控制执行力不足，未能对投资项目的真实性和风险性进行充分评估，也缺乏独立的内部监督机构和有效的监督与反馈机制，这使得公司的内部控制执行情况无法得到有效监督，违规行为得不到及时纠正。同时，投资者和监管机构对公司的监督作用也未能充分发挥，使得公司的违规行为得以长期存在并不断扩大。

2）制造业

（1）供应链贪腐与内部控制缺失

制造业的生产流程通常较为复杂，涉及多个生产环节和工序。这要求企业内部控制需要覆盖从原材料采购、生产加工到成品出库的全过程，确保每一个环节都得到有效控制。然而，由于流程长、环节多，内部控制的难度也随之增加，岗位权限管理不严、供应商管理不规范、反舞弊机制不健全等一系列连贯性问题引发制造业内部控制失败案例频发。例如，据公开报道，大疆创新原采购经理利用职权便利，通过增加采购额并收取供应商返点的方式，收受巨额贿赂，这种贪腐行为不仅导致企业采购成本大幅上升，还严重损害了企业的利益和声誉。①

（2）安全责任与风险控制不足

近年来，我国制造行业发生了多起重大安全生产事故，这些事故往往与企业的安全生产管理制度不完善、执行不到位有关。如山西东南精工科技有限公司铝棒生产车间发生铝液爆炸事故，反映出了安全生产责任制未落实、风险识别和评估不足、应急响应机制不健全等内部控制问题。

（3）环境问题凸显

近年来，随着经济的快速发展和工业化进程的加快，制造业在推动经济增长的同时，也产生了严重的环境污染问题。这些环境问题不仅影响了自然生态，而且对企业的可持续发展构成了威胁。部分制造业企业

---

① 程洋. 月入6万仍吃回扣上百万，大疆两采购经理被判刑［EB/OL］.［2020-05-29］. https://m.thepaper.cn/baijiahao_7617288.

的管理层过于关注生产效率和经济效益,未能将环保理念融入内部控制文化中,忽视了环境保护的重要性,这种文化缺失使得内部控制在执行过程中难以有效约束和引导员工的环保行为。

制造业企业在制定内部控制体系时,未能对生产过程中可能产生的污染物、废弃物及潜在的环境风险进行全面、系统的识别和分析,或者即使识别了环保风险,部分企业也缺乏有效的应对机制,在风险发生时,企业往往缺乏应急预案和应对措施,导致环境问题得不到及时解决。

3)建筑业

(1)内部控制体系不健全

①制度缺失或不完善。建筑项目通常具有周期长、施工范围广、项目数据多等特点,这增加了内部控制的难度。企业需要对项目的各个阶段(如项目计划、实施、监控和总结)进行全面控制,确保项目进度、质量和成本符合预期。

②落地执行度欠佳。建筑业承接的项目种类繁多,包括住宅、商业、工业、基础设施等多种类型,每种类型的项目都有其特定的要求和挑战,且行政事务场所与业务区域常态化分散,内部控制制度往往流于形式,未能真正发挥作用。

(2)财务管理问题

①资金流动频繁且监管难度大。建筑业项目涉及大量资金流动,包括工程款、材料款、劳务费等,且流动频繁,款项收付、会计核算等资金监管难度大,容易出现资金挪用、浪费等现象。

②成本核算复杂。建筑业项目成本核算受多种因素影响,如原材料价格波动、人工成本上升等,导致成本核算不准确,影响企业的盈利状况和决策准确性。

③会计核算不规范。部分建筑业企业在会计核算方面存在不规范现象,如账目不清、凭证不全等,导致会计信息失真,影响企业的财务管理和决策。

(3)项目管理问题

①项目进度控制有偏差。项目进度不清晰、项目计划与实际执行偏

差大、项目协调不足，缺乏有效的进度监控机制，无法及时发现和解决进度滞后问题，导致项目延期。

②成本控制不到位。项目成本预算制定时未充分考虑各种成本变动因素，如原材料价格波动、人工成本上涨等，导致成本预算不准确，也缺乏有效的成本控制措施，如材料浪费、人工效率低下等，导致项目成本超支。

③合同管理不规范。合同条款复杂且执行难度大，部分建筑企业在合同管理方面存在不规范现象，如合同条款不明确、履行不到位等，容易引发合同纠纷和法律风险。

④风险管理问题。建筑市场受政策、经济、社会等多方面因素的影响，存在较大的市场风险。企业对项目潜在的风险因素如技术风险、安全风险、质量风险等识别不足，风险评估方法不科学或评估过程不严谨，导致风险评估结果不准确。

4）农业

（1）经营风险不可控因素

农业因对气候、土壤、水源等自然环境依赖性强，自然风险的不确定性和季节性变化等不可控因素增加了企业的经营风险，使得农业企业在预测收入、成本和库存管理上面临更大挑战。

（2）存货管理难于非农产品

农业企业的存货主要是生物资产，如农作物、牲畜等，这些资产的管理和盘点相对复杂。生物资产具有生长周期长、库存波动大、价值变动大、盘点难度大等特点，使得存货管理成为内部控制的问题点。如何优化农产品资源配置以满足市场需求，同时避免库存积压和损耗，是农业企业内部控制的重要任务。

（3）农产品风险评估与控制不足

尽管农产品质量安全问题一直是农业企业内部控制的重中之重，但是因农产品在原料采购、生产加工、储存运输等各个环节中可能存在潜在风险，农产品质量安全问题依然存在，农业企业缺乏有效的内部控制应对措施。

3.3　困境梳理

通过对我国企业内部控制实施过程中存在的共性问题进行深入分析，并结合对不同行业企业间内部控制差异性问题的细致梳理，本书正视当前我国企业内部控制发展现状与问题，客观而全面地审视内部控制领域所面临的种种困境，以期为后续多维度、多视角优化企业内部控制路径与策略调整提供有力的参考与指导。对困境的梳理不仅是对内部控制问题的一次深入剖析，更是推动企业内部控制持续改进和优化的重要基石。它促使我们不断寻求创新，勇于面对挑战，以更加积极和务实的态度去解决内部控制问题，为企业的稳健发展和市场经济的繁荣贡献力量。

本书从制度设计与实施、公司治理结构与组织结构、监督与评价体系、企业文化与人才管理、信息化技术与应用等五个核心层面对我国企业内部控制进行了困境梳理，一方面遵循了内部控制体系的复杂性和系统性要求，另一方面为我们深入理解和解决内部控制问题提供了有益的宏观视角和思路。

3.3.1　制度设计与实施层面

1）制度设计方面

一是内部控制制度未能全面覆盖企业的所有业务领域和操作环节，存在制度空白和漏洞。二是内部控制制度缺乏系统性和科学性，前瞻性不足，往往只关注局部或表面的风险控制，而忽视了整体业务流程和各个环节之间的内在联系，未能形成有效的内部控制体系，难以实现有效的风险控制闭环。三是制度建设滞后于企业发展和市场变化，未能及时根据外部环境和经营状况的变化进行修订和完善制度设计，企业内部控制制度往往不能及时跟上步伐，存在与新业务、新技术不匹配的问题，从而增加了企业的运营风险。

2）制度实施方面

一是管理层对内部控制的重视程度不够，往往将其视为形式上的要求，而非真正的管理工具，导致制度执行不力，甚至形同虚设。二是员工对内部控制制度的理解和认同度不高，缺乏执行制度的主动性和积极性，加之培训和教育不足，使得制度执行效果大打折扣。三是风险意识不足与认知偏差。尽管许多企业已经意识到风险管理的重要性，但在实际操作中仍存在风险意识不足的问题。部分企业管理层对潜在风险缺乏足够重视，往往等到风险发生后才采取应对措施。此外，一些企业对内部控制和风险管理的认知存在偏差，将其视为互不相关的两个领域，导致两者在实践中难以有效融合。

3.3.2 公司治理结构与组织结构层面

公司治理结构是内部控制框架的外部制度环境，它通过设立股东大会、董事会、经理层、监事会等机构，形成决策、执行、监督程序相互分离、相互制约的机制。完善公司治理结构对于内部控制的有效实施具有决定性作用。组织结构是企业实施内部控制的组织保障，它决定了企业内部各部门和岗位之间的权责关系和工作流程。科学合理的组织结构对于内部控制的有效实施具有关键作用。

公司治理结构和组织架构相互交织、相互影响，共同作用于企业内部控制的实施效果。在企业内部控制实践中，治理结构方面存在权责不清与内部人控制现象，在一些企业特别是国有企业，董事会、监事会、经理层之间的权责划分不明确，导致在实际运作中出现职责交叉或空白地带，使得内部控制措施难以得到有效执行，容易出现相互推诿的现象。由于公司治理结构不完善，企业内部人员（特别是高层管理人员）可能利用其职权或影响力，控制或操纵公司的经营和财务活动，内部人控制损害公司和其他股东的利益。董事会职能弱化，未能充分发挥其决策和监督职能，往往被管理层所控制或影响；或者董事会成员可能缺乏必要的专业知识和技能，难以对公司的重大事项做出科学、合理的决策。监事会成员可能缺乏独立性，难以对董事会和经理层进行有效监督。

在组织结构方面，结构设计与内部控制需求不匹配、部门职责划分不清晰等因素也造成了企业内部控制现实困境。部分企业的组织结构设计未能充分考虑内部控制的需求，导致组织结构过于复杂或过于简单，职责划分不明确，部门间协同性差，职能重叠和空白现象普遍存在，无法有效支持内部控制措施的实施。过于复杂的组织结构可能导致信息传递不畅、决策效率低下，而过于简单的组织结构则可能缺乏必要的监督和制衡机制，增加内部控制的风险。

3.3.3　监督与评价体系层面

在企业内部控制中，监督与评价相互依存、相互促进，共同构成企业内部控制体系的有效保障。企业内部控制的监督与评价体系在企业运营中扮演着至关重要的角色，它们对于保障企业稳健发展、提高运营效率、确保资产安全及优化决策过程等方面都具有重要作用。

监督与评价体系的不完善是企业内部控制实施过程中面临的主要困境。如评价体系内容不全面，侧重财务、资产等核心领域，忽视了业务流程、合规性、信息安全等其他重要方面，导致企业无法及时发现和纠正非财务领域的内部控制缺陷，增加企业运营风险。行业差异导致监督与评价标准不统一，使得评价结果缺乏可比性，难以进行行业内的横向对比和标杆学习。另外，监督与执行力度不足，内部控制效果难以衡量，一定程度上影响了内部控制工作的持续改进和优化。

3.3.4　企业文化与人才管理层面

企业文化作为企业核心价值观的一种具体体现，结合了企业和员工的共同意志，为企业的发展和员工的工作提出了具体的方向。企业文化通过传播企业的核心理念和价值观，增强员工的归属感和认同感，能够激励员工在工作中的积极性和创造力，对企业人才管理具有价值导向、行为规范的促进作用。企业文化导向作用下的企业内部控制机制设计、实施和评价都围绕着企业的核心价值观和目标进行，确保内部控制机制与企业的发展战略保持一致，凝聚合力共同为企业的内部控制目标而努力。现阶段，从企业文化与人才管理层面分析，企业内部控制面临的困境有以下几个方面：

1）企业文化缺失或弱化导致内部控制基础不牢

企业文化中缺乏对内部控制重要性的认识和强调，导致员工和管理层内部控制意识淡薄、参与度低，或者价值观偏离，削弱了内部控制的有效性。这种文化环境使得内部控制往往被视为一种形式或负担，而非企业运营不可或缺的一部分，长此以往将会导致企业文化中的核心价值观与内部控制的目标相悖，影响企业内部控制目标的实现。

2）企业文化与内部控制要求不一致

企业文化中倡导的行为准则与内部控制规范之间存在差距，企业内部的价值观会产生冲突，导致员工在执行内部控制措施时感到困惑和矛盾，从而影响内部控制的有效性。

3）企业文化难以适应内部控制的动态变化

僵化的企业文化难以适应市场环境和内部控制要求的变化，将会导致内部控制措施无法及时调整和完善。这种文化环境将限制企业的创新能力和应变能力，增加企业面临的风险和挑战。优秀的企业文化应该鼓励持续改进和创新，然而，一些企业文化中缺乏这种氛围，导致员工和管理层对内部控制的改进和创新缺乏动力和热情。这将使内部控制机制逐渐失去活力，难以应对日益复杂多变的市场环境和风险挑战。

3.3.5　信息化技术与应用层面

数智时代，信息化技术与应用对企业内部控制的重要性和影响日益凸显。信息化技术通过自动化和智能化处理数据，使得企业各个环节的信息共享和实时更新成为可能，显著提高了内部控制的效率和准确性，为企业提供了更加精准、实时的数据信息，这些数据不仅有助于内部控制的有效实施，还能为企业战略决策和长期规划提供可靠的数据支持。在企业内部控制中，信息化技术与应用面临着诸多困境，这些困境主要来源于技术本身的发展水平、信息化环境下的风险及外部监管环境等多个方面。

1）技术更新与兼容性问题

信息化技术日新月异，但企业内部控制系统的更新速度可能滞后于技术发展的步伐，这导致企业在面对新型风险和挑战时，现有系统可能无法提供有效的支持和保障。

众所周知，ERP、CRM和HR系统的兼容性对于现代企业的成功至关重要。通过实现这些系统的兼容和整合，企业可以提高运营效率、优化业务流程、提升用户体验，并最终增强企业的市场竞争力。企业内部往往存在ERP、CRM、HR等多个信息系统，这些系统之间可能由于系统设计、技术架构，以及企业对于数据共享和业务流程整合的需求不同而出现数据格式、接口标准不统一等问题，导致信息孤岛现象严重，难以实现数据的实时共享和有效集成，这不仅增加了内部控制的难度，还可能影响决策效率和准确性。

2）信息化环境下的新风险与挑战

信息化环境下，企业不仅面临传统的财务风险、运营风险等挑战，还需要应对系统故障、数据泄露等新技术风险。这些风险具有突发性、隐蔽性和破坏性强等特点，给企业内部控制带来更大的压力。同时，信息化技术的应用往往伴随着业务流程的变革和优化。然而，这种变革可能导致企业内部控制体系与现有业务流程之间的不匹配和冲突问题，如果企业不能及时调整内部控制体系以适应新的业务流程需求，将影响内部控制的有效性和效率。

3）外部监管与合规性要求

随着信息化技术的飞速发展，新的业务模式和技术应用不断涌现，企业的业务范围和运营模式更加复杂多样，外部监管机构针对不同领域和业务模式提出更为详细的监管要求。这些要求可能涉及数据安全、隐私保护、网络安全、反洗钱等多个方面，企业需要依据数智时代的信息化标准来建立内部控制体系以应对复杂多样的监管要求，以防范数据泄露与滥用，减少网络安全威胁。

3.4 困境溯源

针对我国企业内部控制存在的问题及所面临的困境，本部分在前文客观分析问题与困境的基础上，拟从宏观、中观及微观三个层面，对困境的成因进行溯源与分析，旨在深入剖析为何我国内部控制会遭遇如此困境，进而为更有效地解决我国企业风险管理与内部控制的发展难题提供理论支撑与实践指导。

3.4.1 宏观层面

从宏观环境视角来看，我国正处于经济转型的关键时期，市场环境复杂多变，政策法规频繁更新，这对企业的内部控制体系提出了更高要求。然而，部分企业因缺乏对新政策、新法规的敏锐洞察与及时响应，导致内部控制机制滞后于外部环境的变化，难以有效应对宏观环境带来的风险与挑战。

1) 政策法规与标准制定不足

(1) 规范指引的通用性

当前，我国所推行的企业内部控制规范指引的设计初衷虽是为了提供一套全面而普遍适用的框架，但在实际操作中，却往往因过于强调通用性而忽视了不同行业间存在的本质区别与特殊需求。这种"一刀切"式的规范制定方式，未能精准捕捉到各行业独特的业务模式、风险特征及管理挑战，使得部分企业在尝试将这些规范指引融入自身内部控制体系时，面临着"水土不服"的困境。

具体而言，不同行业的企业，在运营环境、市场结构、技术革新速度及法律法规遵循等方面均存在显著差异。例如，制造业可能更侧重于生产流程控制与成本管理，而金融业则需高度关注信用风险评估与市场波动应对。然而，现行的内部控制规范指引往往未能针对这些行业特性提供足够的细化指导和灵活调整空间，导致企业在实施过程中难以找到与自身行业特点高度契合的具体操作指南。

因此，这种规范指引的通用性有余而针对性不足的问题，不仅削弱了内部控制体系在不同企业中的适应性和有效性，还可能促使一些企业为了符合规范而采取形式主义的做法，忽略了内部控制的本质目的——有效识别、评估并管理风险，保障企业战略目标的实现。从长远来看，这将对企业的稳健发展构成潜在威胁，影响其在复杂多变的市场环境中的竞争力与生存能力。

（2）政策更新的滞后性

随着全球经济一体化的深入发展，市场环境日新月异，新兴行业如雨后春笋般涌现，不仅带来了前所未有的发展机遇，也伴随着一系列复杂多变的风险与挑战。企业内部控制作为企业管理的重要组成部分，其有效实施必须紧跟市场动态，灵活应对各类新兴风险。

然而，现实情况却是，政策法规的制定与更新往往难以与市场的快速变化保持同步。一方面，政策法规的出台需要经过严谨的调研、论证及审批流程，这一过程本身就需要时间；另一方面，新兴行业的特性和风险往往在初期并不明显，需要一段时间的观察和积累才能被充分认识和理解。这种时间上的滞后，导致企业在面对新风险时，往往缺乏有效的政策指导和法律支持，只能依靠自身的经验和判断进行应对，这无疑增加了企业内部控制的难度和不确定性。更为严重的是，政策更新的滞后还可能引发企业的合规风险。在新兴行业中，由于政策法规的不完善或缺失，企业可能在不自觉中违反了相关规定，从而面临法律制裁和声誉损失。

2）理论研究与实践脱节

（1）理论界对内部控制与风险管理的关系存在分歧

关于内部控制与风险管理的关系，理论界主要存在三种观点，即内部控制包含风险管理、风险管理包含内部控制和内部控制与风险管理的本质协调论，这一学术争议确实在一定程度上影响了我国企业内部控制的实践。

由于理论界对内部控制与风险管理的关系存在分歧，企业在实施内部控制时往往感到无所适从。不同的理论观点提供了不同的实施路径和侧重点，导致企业在制定内部控制策略时难以确定明确的方向和目标。

理论分歧还可能导致企业在整合内部控制与风险管理资源时面临困难，如果企业无法明确内部控制与风险管理的关系，就难以有效地将两者结合起来，实现资源的优化配置和协同作用。在理论分歧的影响下，企业内部控制的执行效率可能受到影响，由于缺乏明确的理论指导和实践标准，企业在实施内部控制时可能会遇到各种障碍和挑战，导致执行效率低下，甚至无法达到预期的效果。

（2）内控相关理论对实践指导不足

尽管理论界对于内部控制的研究已经颇为深入，构建了丰富的理论框架和模型体系，但这些研究往往更多地聚焦于理论层面的探讨和模型的设计上，未能充分实现与实际操作层面的无缝对接，导致企业在实际推行内部控制的过程中，往往难以从现有的理论体系中汲取到可直接应用于实践的宝贵经验和具体案例。企业在面对内部控制的实施难题时，往往感到束手无策，缺乏明确的方向和可行的路径。这不仅增加了企业内部控制实施的风险，也可能使得企业在应对复杂多变的市场环境时显得力不从心。

进一步来说，理论界在构建内部控制模型和框架时，虽然充分考虑了理论的严谨性和完整性，但可能忽视了实际操作中的可行性和适用性。这使得一些理论模型虽然看似完美，但在实际应用中难以落地生根，无法发挥出应有的效用。

3.4.2　中观层面

从中观层面的视角出发，我们不难发现，行业协会、社会中介机构如会计师事务所等的职能缺失也在一定程度上成为企业内部控制面临困境的诱因。这一现象背后的原因复杂且多维，对其进行深入分析显得尤为必要。

1）行业协会的影响

（1）标准制定与更新的滞后

虽然行业标准是由国务院有关行政主管部门制定的，这些部门通常是与特定行业相关的政府部门，但是，行业协会也可以参与标准的制定和修订，在行业标准制定过程中发挥重要作用。随着市场环境的不断变化，新的风险和挑战层出不穷，若行业协会在此过程中未能及时更新并推广适应新形势的内部控制标准，那么企业就可能会因为缺乏具有前瞻性和适用性的指导而陷入内部控制的困境。

（2）培训与指导的不足

企业内部控制存在的问题中，一个不容忽视的因素便是行业协会在指导与培训方面的不足。作为连接企业与政府、促进行业内交流与合作的重要平台，行业协会本应充分发挥其在专业知识、行业经验等方面的优势，为企业提供全面、深入的内部控制指导与培训服务，然而，当这些服务未能达到企业实际需求或预期标准时，便可能导致企业内部控制体系的不完善，进而引发一系列问题。

具体而言，行业协会培训与指导的不足可能体现在内容陈旧、形式单一、覆盖面有限等方面。若行业协会未能紧跟行业发展动态，及时更新培训内容，或未能根据企业的具体情况提供定制化的指导方案，那么企业在构建和完善内部控制体系时便可能缺乏有效的外部支持。此外，若培训活动组织不力、参与度不高，也会影响企业内部控制水平的提升。

2）社会中介机构的影响

（1）审计质量的不均衡

以会计师事务所为代表的社会中介机构，在为企业提供审计服务的过程中，其专业素养的高低、职业操守的严谨程度，直接决定了审计结果的可靠性与有效性，进而对企业内部控制体系的健全与否产生深远影响。然而，在现实的市场环境中，由于行业竞争的日益激烈，以及成本控制压力的持续增大，部分中介机构面临着严峻的挑战。在这样的背景下，一些机构可能会选择牺牲审计质量作为获取业务的筹码，通过降低审计标准、简化审计程序等手段，以换取更多的市场份额和利润空间。这种行为不仅违背了审计的独立性和客观性原则，更可能导致企业内部控制中的漏洞和缺陷被掩盖，使得潜在的问题无法被及时发现和有效纠正。

长此以往，企业内部控制的薄弱环节将逐渐暴露，不仅可能引发财务舞弊、信息失真等严重后果，还可能损害企业的声誉和信誉，甚至威胁到企业的生存与发展。因此，从中观角度来看，中介机构审计质量的不均衡，无疑是导致企业内部控制发生问题的一个重要原因。

（2）咨询服务缺乏深度与定制性

社会中介机构如会计师事务所在提供内部控制咨询服务时，缺乏对企业具体情况的深入了解，或仅仅提供通用的解决方案，而未能根据企业的行业特点、经营模式和风险状况进行定制化设计，导致咨询服务偏离要害，难以精准触及问题的核心，难以有效助力企业解决其面临的实际挑战与困境。

3.4.3 微观层面

从微观层面探究企业内部控制问题的根源往往在于企业管理制度不健全、执行力不足、文化氛围不佳等方面。部分企业内部控制制度建设流于形式，缺乏实际可操作性；或虽有完善制度，但执行力度不够，导致内控制度形同虚设，难以落地。同时，企业文化中若缺乏风险意识、诚信观念，将直接影响内部控制的有效性。此外，企业治理结构不合理、内部沟通不畅等问题，也是制约内部控制效能的重要因素。

1）企业内部控制意识薄弱

部分企业管理层对内部控制的战略价值认识不足，将其视为短期成本而非长期投资，因此，在制定企业战略时，未能将内部控制纳入核心考量，导致内部控制建设缺乏顶层设计和系统规划。管理层在推动内部控制实施时，可能存在责任不明确或相互推诿的现象，未能以身作则，积极引领内部控制文化的建设，使得内部控制制度难以得到有效执行。

员工对于内部控制的重要性认识不够深入，参与内部控制活动时动力不足，往往将其视为管理层或特定部门的职责，缺乏主动参与和积极配合的意识，导致内部控制措施在基层难以落地生根。

2）内部控制体系不健全

（1）制度设计层面的不完善性

在构建内部控制体系的过程中，部分企业未能全面、深入地分析自身的业务特点、管理需求及风险状况，导致所设计的内部控制制度存在诸多缺陷或漏洞。这些不足可能表现为制度条款的模糊性、操作流程的不合理性、风险控制点的遗漏等，从而严重削弱了内部控制的效能。更为严重的是，不完善的制度设计还可能为企业的日常运营埋下隐患，增加各类风险事件发生的概率，威胁到企业的稳健发展。

（2）执行力度与监督机制双重缺失

即便企业已经建立了一套相对完善的内部控制体系，但在实际执行过程中，仍可能因执行力度不够或监督机制不健全而大打折扣。一方面，部分员工可能由于缺乏对内部控制重要性的认识，或是受到个人利益驱动，导致在执行内部控制制度时敷衍了事、流于形式；另一方面，企业内部可能缺乏有效的监督机制来确保内部控制措施得到切实执行，或是监督机构独立性不足、权威性不够，难以发挥应有的监督作用。这些因素共同导致了内部控制措施在实际操作中的落空，使得企业难以通过内部控制来实现对风险的有效防控和管理的规范化。

3）行业特性与风险差异

（1）行业特性差异被忽视

各行各业，由于其独特的运营模式、市场环境、技术革新及法规框架，展现出了丰富多样的行业特性，这些特性无疑为内部控制的设计与执行带来了各具特色的挑战。以制造业和金融业为例，两者在行业特性上的迥异直接体现在其内部控制的关注点上。制造业，作为实体经济的重要组成部分，其内部控制往往聚焦于生产流程的优化与监控、产品质量的严格把关以及供应链管理的高效协同，旨在确保产品从原材料到成品的每一个环节都能达到既定的标准与质量要求。相比之下，金融业则更多地置身于复杂多变的金融市场之中，其内部控制的重心自然偏向于信用风险的审慎评估、市场风险的动态监控以及操作风险的精细管理，力求在金融交易与服务中维护资产安全、保障客户权益并促进金融市场的稳定。

不同行业具有不同的特性和风险点，需要采取不同的内部控制措施。然而，现有的企业内部控制规范指引往往未能充分考虑行业差异，导致企业在实施内部控制时难以适应自身行业的特点和需求，影响内部控制设计初衷。

（2）风险识别与应对不足

行业间的风险差异也是造成内部控制困境的关键因素。不同行业面临的风险类型、风险强度及风险后果各不相同，这就要求企业在构建内部控制体系时，必须精准识别并重点防控那些与自身行业紧密相关的风险点。然而，部分企业在实施内部控制的过程中，却未能充分意识到这一点，它们或是对行业风险的识别不够敏锐，或是对已识别风险的评估不够深入，从而导致内部控制措施的设计和执行缺乏足够的针对性和有效性。例如，某些行业可能因市场波动大而面临较高的市场风险，需加强市场趋势的分析与预测，以灵活调整经营策略；有些行业则可能因业务复杂、交易频繁而更容易遭遇操作风险，故需强化业务流程的规范与监控，确保每一步操作都能准确无误。

这种对行业风险识别与有效应对的缺失，直接导致了企业内部控制体系的薄弱。由于未能准确捕捉和量化行业特有的风险，企业往往难以制定出真正符合自身风险状况的内部控制策略。这不仅使得企业在面对风险时显得手足无措，增加了运营的不确定性，还可能因为风险控制不力而损害企业的市场形象和信誉，进而影响其市场竞争力。

4）信息与沟通不畅

（1）信息传递的阻滞

在企业内部运营中，由于管理层级繁多、管理链条冗长，加之信息传递机制不尽完善，使得信息在流转过程中遭遇了显著的阻碍。这一状况直接导致了公司的战略意图和决策等难以顺畅地传达至基层部门，进而影响了战略执行的一致性和效率，为内部控制的有效实施增添了难度。

（2）沟通机制的缺陷

除了信息传递的问题外，企业内部控制还受制于沟通机制的不健全。企业内部各部门、各层级之间缺乏有效的沟通桥梁和平台，使得信息在横向和纵向上的交流都显得困难重重。这种沟通的不畅，不仅阻碍了部门间的协作与配合，还削弱了内部控制的整体效能。在缺乏有效沟通的情况下，企业难以及时发现和纠正运营中的问题，从而增加了潜在的风险。

5）监督与激励机制不完善

（1）监督机制的缺陷

企业内部控制的监督机制存在显著缺陷，一方面，企业内部缺乏独立的内部审计机构，或者虽有机构但专业审计人员配备不足，这使得内部监督工作难以得到有效开展，监督力度大打折扣；另一方面，外部审计机构的独立性也受到种种因素的制约，其监督作用因此受到限制，难以对企业内部控制进行全面、客观的评估。这种监督机制的不健全，无疑为内部控制的漏洞和失效提供了可乘之机。

（2）激励机制的缺失

企业内部控制激励机制缺失也是造成内控困境的重要原因。企业未能建立起一套有效的激励机制来激发员工参与内部控制的积极性和创造性，由于缺乏足够的激励，员工对内部控制的重视程度不够，参与意愿不强，难以形成全员参与、共同维护内部控制的良好氛围。这种激励机制的缺失，不仅削弱了内部控制的群众基础，还降低了内部控制的整体效能。

6）企业文化与内部控制不匹配

（1）企业文化的缺失

部分企业内部控制出现问题的一个显著原因就是企业文化的缺失。这些企业未能构建起一种积极向上、鼓励创新、强调责任的企业文化氛围，员工对于内部控制的认同感和责任感相对薄弱，难以将内部控制视为自身工作的重要组成部分。

（2）内部控制文化的薄弱

企业文化中内部控制文化的薄弱也是造成部分企业内部控制出现问题的重要原因。经营实践中，即便企业拥有一定的文化氛围，但如果其中缺乏对内部控制重要性的认识和重视，那么内部控制就难以在企业内部得到真正的贯彻和落实。内部控制文化的薄弱，使得员工在执行内部控制措施时可能缺乏足够的自觉性和主动性，从而影响了内部控制的持续改进和有效运行。

4 风险管理视域下企业内部控制实施框架

4.1 影响因素

风险管理是指对可能遇到的风险进行规划、识别、估计、评价、应对、监控的过程，是以科学的管理方法实现最大安全保障的实践活动的总称。风险管理是对可能涉及组织目标实现产生负面影响的事件或情况进行识别、分析和控制，以最小化潜在损失并提高组织的绩效和可持续发展能力。

风险管理事关企业的计划、组织、领导、控制等活动，是一个动态、系统的过程，涉及对企业面临的各种风险进行识别、评估、控制、监测及沟通，在保护企业资产、提高决策质量、优化资源配置、增强企业竞争力和提升企业价值等方面发挥着重要作用。企业在实施内部控制的过程中，必须着重强调以风险管理作为核心视域，这一理念的本质在于将风险评估作为指导实践的首要视角。具体而言，这意味着企业在着手构建和优化内部控制体系之前，必须首先进行深入而全面的风险评估工作，这一步骤至关重要，因为它要求企业从宏观、中观到微观，系统地识别并分析那些可能对其经营管理合法合规、资产安全、财务报告乃至持续经营能力构成威胁的内外部主要因素，从而影响企业内部控制的设计、执行与评价。

风险管理与企业内部控制在概念、目标、要素、流程、实施与执行等多个方面都存在密切的关联性，这种关联性体现了两者在企业风险管理框架中的相互依存和相互促进关系，二者相辅相成，共同构成了企业风险防控的基石。内部控制的建立和执行是风险管理的基础和前提，它有助于企业有效地识别和评估各种风险，并采取相应的控制措施来降低风险的发生概率和影响程度。同时，风险管理也是内部控制的一个重要目标，它要求企业不断识别潜在的风险，并采取相应的措施来加以控制，以提高企业的整体控制水平和风险管理能力。

4.1.1　外部因素对风险管理视域下企业内部控制实施的影响机理分析

外部因素，是指那些源自企业边界之外，能够直接或间接影响企业战略决策、运营活动及内部控制效果的各种力量和条件。这些因素超越了企业直接控制的范围，却对企业的生存与发展产生着至关重要的影响。外部因素的结构特征体现在其复杂性、动态性和相互关联性上。复杂性表现在每个维度下都包含众多子因素，且这些因素之间相互作用，形成错综复杂的网络。动态性意味着这些因素随时间不断变化，要求企业持续监测并适应。相互关联性则强调任一因素的变化都可能引发其他因素的连锁反应，影响企业的整体运营环境。

企业作为一个动态且开放的复杂系统，其运营活动无时无刻不在与外部环境进行着紧密的互动与交换。这个外部环境，如同一个庞大而复杂的生态系统，涵盖了政治、经济、社会文化、技术等多个维度，它们相互交织，共同作用于企业的运营与发展。外部环境对企业内部控制和风险管理的影响是相互关联、相互影响的。一方面，外部环境的变化会直接影响企业的内部控制和风险管理策略的制定和实施；另一方面，有效的内部控制和风险管理也有助于企业更好地应对外部环境的变化和挑战。

PEST分析框架是一种宏观环境分析工具，用于评估影响企业或组织的外部宏观环境因素。本书通过 PEST 分析法对政治（Political）、经济（Economic）、社会（Social）和技术（Technological）这四个方面的因素进行深入剖析，揭示了外部因素对企业内部控制的深远影响，帮助企业识别并评估可能影响其经营活动的关键趋势和变化，强调企业必须建立动态、灵活的内部控制体系，以适应不断变化的外部环境，确保企业的稳健发展与持续竞争力。

1）政治环境

（1）内涵和构成

政治环境是指一个国家或地区的政治制度、政治体制、政治形势、政策倾向、法律法规及政府行为等外部因素的总和，作为企业外部环境的重要组成部分，其稳定性、透明度及政策导向等因素都直接或间接地作用于企业的内部控制体系。在风险管理的广阔视域中，政治环境与企业内部控制之间的关联显得尤为紧密且复杂。这两者之间的互动不仅构成了企业运营的重要外部与内部条件，而且深刻地影响着企业的战略决策、日常运营及长远发展。

政治环境主要由以下几个方面构成：

①政治制度与体制

A.政治制度，指一个国家或地区的政权组织形式，如君主立宪制、共和制、总统制等。不同的政治制度决定了政府不同的权力结构、决策机制和法律框架。

B.政治体制，涉及政府机构的设置、职能分工及权力运行机制。政治体制的稳定性直接影响着企业的长期发展规划和市场预期。

②政策法规体系

A.法律法规，包括宪法、法律、行政法规、地方性法规等，这些法律法规规定了企业的经营范围、行为准则和法律责任。

B.政策导向，对企业的运营具有重要影响。例如，产业政策可能鼓励或限制某些行业的发展；税收政策则直接影响企业的成本结构和盈利能力。

③政治形势与稳定性

A.政治形势，指一个国家或地区的政治局势、政治动态及政府间的关系。政治形势的变化可能引发社会动荡、政策变动和市场波动，进而影响企业的运营环境。

B.政治稳定性，是企业投资和市场拓展的重要考量因素。政治不稳定可能导致政策频繁变动、法律执行不力及社会不安定，增加企业的经营风险。

④政府行为与效率

A.政府行为，涉及政府在经济、社会、文化等方面的政策制定和执行。政府行为可能直接干预市场运行，如通过财政补贴、税收优惠等手段支持或限制某些行业。

B.政府效率，政府的工作效率、决策能力和执行力度直接影响企业的运营环境。高效的政府能够为企业提供便捷的服务和支持，促进企业的发展；低效的政府则可能导致政策执行不力、市场混乱等问题。

⑤国际关系与外交政策

A.国际关系，指一个国家或地区与其他国家或地区之间的政治、经济、文化等方面的关系。国际关系的变化可能引发贸易战、制裁、封锁等风险，影响企业的海外业务拓展和市场准入。

B.外交政策，决定了国家在国际事务中的立场和行动。外交政策的变化可能引发国际形势的动荡，进而影响企业的海外投资和国际贸易。

（2）作用机理与影响分析

在风险管理视域下，政治环境与企业内部控制之间存在着一种动态的、相互依存的关系。企业需要密切关注政治环境的变化，不断调整和优化内部控制体系，以确保其能够适应外部环境的挑战，为企业的稳健发展提供有力保障。同时，企业还应加强风险管理与内部控制的整合，形成协同效应，共同抵御政治环境等外部因素带来的风险，实现企业的可持续发展。

①政治环境与企业内部控制的关系

一是政治环境的基础作用。政治环境作为企业运营的外部条件，对企业内部控制体系的设计、实施和有效性具有重要影响。稳定的政治环境为企业内部控制提供了良好的外部条件，而不稳定的政治环境则可能增加企业内部控制的难度和风险。

二是企业内部控制的适应性。企业内部控制体系需要不断适应政治环境的变化，以确保企业能够在不同的政治环境下保持稳健运营。这种适应性体现在内部控制流程、控制措施及风险管理策略等方面。

②政治环境作用于企业内部控制的规律

一是政策导向与内部控制目标的一致性。政府通过制定和实施各项政策，引导企业行为符合国家发展目标和战略。企业内部控制的目标应与政策导向保持一致，以确保企业合规经营、稳健发展。随着政策导向的变化，企业内部控制目标也需要相应调整。这种调整是动态的、持续的，以确保企业内部控制目标始终与政策导向保持一致。

二是政治稳定性与内部控制有效性正相关。稳定的政治环境为企业内部控制的有效性提供了有力保障。在稳定的政治环境下，企业内部控制体系能够更加稳定地运行，风险管理能力更强，控制措施能够得到有效执行；反之，政治环境的不稳定可能削弱企业内部控制的有效性。

③政治环境对企业内部控制的影响分析

一是法律法规的强制作用。政府通过制定和实施法律法规，对企业内部控制提出明确要求。企业必须遵守相关法律法规，建立和完善内部控制体系，以确保企业运营的合规性和稳健性。在法律法规的强制作用下，企业需要加强合规管理，确保内部控制体系符合法律法规的要求。这包括加强合规培训、完善合规流程、强化合规监督等方面。

二是政府监管的推动作用。政府通过监管手段，对企业内部控制体系进行监督和评估。这种监管不仅有助于发现企业内部控制存在的问题和不足，还能够起到监管政策的激励作用，引导企业不断完善内部控制体系，加强内部控制建设。例如，对内部控制质量高的企业给予政策扶持、税收优惠等激励措施，以鼓励企业提升内部控制水平。

三是政治关联的影响作用。政治关联是指企业与政府部门及其辅助支持性机构之间的联系，这种联系可以通过高管、董事等的政治背景来体现。政治关联对企业内部控制具有双重作用。一方面，政治关联有助于企业获取政策信息、资源支持等，为内部控制提供有利条件；另一方面，政治关联也可能导致企业内部控制受到政府干预或影响，从而降低其独立性和有效性。

（3）典型案例——华为应对美国制裁

案例背景：华为作为全球领先的通信设备供应商，近年来频繁受到美国政府的制裁和打压。

分析：美国政府通过限制芯片供应、禁止使用美国技术等手段对华为进行制裁。为应对这一挑战，华为在内部控制中加强了供应链管理、研发创新、合规性管理等方面的工作。例如，华为积极寻求非美芯片供应商，加大自主研发投入以替代美国技术，并加强合规性培训和管理以确保业务运营的合规性，这些措施在一定程度上减轻了美国政府制裁对华为的影响，并展示了企业在复杂政治环境下的应对能力。

2）经济环境

（1）内涵和构成

经济环境是指企业在进行经济活动时所面临的外部经济条件和经济形势的总和，包括宏观经济状况、市场供求关系、行业发展趋势、政策法规等多个方面。这些条件和因素直接影响企业的运营决策、成本控制、市场定位等方面，是风险管理视域下企业制定经营战略和进行内部控制的重要依据。

经济环境主要由以下几个方面构成：

①宏观经济状况

A.经济增长。宏观经济增长率反映了一个国家或地区整体经济的扩张速度。高速的经济增长通常意味着更多的市场机会和消费潜力，但同时也可能带来通货膨胀、资源紧张等问题。企业需要根据经济增长情况调整其经营规模和投资策略。

B.通货膨胀与就业。通货膨胀率会影响货币的实际购买力，进而影响企业的成本结构和盈利水平。同时，就业市场的状况也会影响企业的劳动力成本和人力资源策略。

C.资本市场与外币市场。资本市场的波动会影响企业的融资成本和投资机会，而外币市场的变动则可能影响企业的国际贸易和汇率风险。

②市场供求关系

A.市场需求。市场需求的变化直接影响企业的产品销售和市场定位。企业需要通过市场调研和预测来把握市场需求的变化趋势，以便及时调整生产计划和营销策略。

B.市场竞争。市场竞争状况决定了企业在市场中的份额和地位。企业需要根据市场竞争情况制定差异化的竞争策略，以提高其市场竞争力。

③行业发展趋势

A.技术进步。技术进步是推动行业发展的重要因素。企业需要关注行业内的技术创新和变革趋势，以便及时调整其产品和服务策略。

B.消费者行为变化。消费者行为的变化也会影响企业的产品和服务策略。例如，随着环保意识的提高，消费者对绿色、可持续产品的需求也在增加。

④政策法规环境

A.税收政策。税收政策会影响企业的成本和利润水平。企业需要关注税收政策的变化，以便及时调整其税务筹划和财务策略。

B.环保法规。随着环保意识的提高，各国政府纷纷出台环保法规以限制企业的污染排放和资源消耗。企业需要遵守这些法规，并加强环保管理以降低环保风险。

⑤全球化与区域经济一体化

A.全球化。全球化使得企业面临更加广阔的市场和更激烈的竞争。企业需要关注国际贸易环境的变化，以便及时调整其国际贸易策略。

B.区域经济一体化。区域经济一体化会促进区域内的贸易和投资自由化、便利化。企业需要关注区域经济合作的发展趋势，以便抓住机遇拓展市场。

（2）作用机理与影响分析

经济环境因素与企业内部控制之间存在着紧密且复杂的关系。企业需要密切关注经济环境的变化，加强内部控制建设，以有效识别和应对内外部风险，保障企业的稳健运营和持续发展。同时，企业还需要注重内部控制的适应性、全面性、风险导向性和制衡性原则的落实和执行，确保内部控制体系的有效运行和不断完善。

①经济环境因素与企业内部控制的关系

一是相互依存与影响。企业的内部控制体系是在特定的经济环境中建立和运行的，经济环境的变化会直接影响企业的经营策略和风险管理需求，从而推动内部控制体系的调整和完善。经济环境中的各种因素，如市场需求、竞争状况、政策法规等，都会通过内部控制体系对企业运营产生直接或间接的影响。内部控制作为企业管理的重要组成部分，其有效运行有助于企业更好地适应经济环境的变化。

二是相互作用与反馈。面对复杂多变的经济环境，企业需要不断创新内部控制手段和方法，以提高风险管理和运营效率，这种创新不仅体现在内部控制制度的完善上，还体现在内部控制技术和工具的应用上。

通过内部控制体系的运行，企业可以及时发现和应对经济环境中的风险和挑战。同时，内部控制体系还可以为企业提供有关经济环境变化的信息和反馈，帮助企业更好地把握市场机遇和调整经营策略。

②经济环境作用于企业内部控制的运行规则

一是适应性规则。企业内部控制体系需要具备一定的灵活性，能够根据经济环境的变化及时调整和完善。例如，在经济下行期，企业可能需要加强成本控制和现金流管理；而在经济复苏期，则可能更注重市场拓展和创新投入。

二是全面性原则。内部控制应覆盖企业生产经营活动的全过程，包括采购、生产、销售、财务、人力资源等各个环节。在经济环境复杂多变的背景下，企业更需注重内部控制的全面性，确保各项经营活动都在有效的控制之下。

三是风险导向原则。企业内部控制应以风险为导向，重点关注可能对企业产生重大影响的内外部风险。在经济环境不确定的情况下，企业应加强风险评估和预警机制建设，及时发现和应对潜在风险。

③经济环境对企业内部控制的影响分析

一是影响企业内部控制策略的制定。经济环境的稳定性与波动性直接影响企业内部控制策略的制定。在稳定的经济环境中，企业可能更倾向于采用较为稳健的内部控制策略，注重风险的预防和规避。而在经济波动较大的环境下，企业可能需要更加灵活和动态的内部控制策略，以适应市场变化，抓住机遇，规避风险。

二是影响企业内部控制的执行效果。经济环境的变化也会影响企业内部控制的执行效果。例如，在经济增长放缓或衰退期间，市场需求减少，企业销售收入下降，这可能导致企业内部控制的执行力度减弱，因为企业可能面临更大的经营压力和财务困境；在经济繁荣期间，企业内部控制的执行效果可能更好，因为企业有更多的资源和动力来加强内部控制，提高经营效率和效果。

三是影响企业内部控制的成本与效益。经济环境因素还会影响企业内部控制的成本与效益。在成本方面，经济环境的波动可能导致企业内部控制成本的增加或减少。例如，在通货膨胀期间，企业需要投入更多的资源来加强成本控制和风险管理，这将增加内部控制的成本。在效益方面，经济环境的稳定与否将直接影响企业内部控制的效果和收益。在稳定的经济环境中，企业内部控制的效果更可能得到体现，为企业创造更多的价值。

四是影响企业内部控制的风险识别与评估。经济环境因素还会影响企业内部控制的风险识别与评估。在经济全球化的背景下，企业需要面临更加复杂和多变的风险挑战。这些风险可能来自市场、政策、技术、环境等多个方面。企业需要加强内部控制的风险识别与评估能力，以应对这些风险带来的挑战。同时，经济环境的变化也可能导致企业面临新的风险类型和风险特征，这需要企业不断更新和完善内部控制体系，以适应新的风险环境。

五是影响企业内部控制的信息化建设。随着信息化技术的发展，企业内部控制的信息化建设越来越受到重视。经济环境因素也会影响企业内部控制的信息化建设。在数字化、网络化、智能化的经济环境中，企业需要加强内部控制的信息化建设，提高内部控制的效率和效果。例如，通过建立风险管理信息系统、加强数据分析和监控等方式来加强内部控制的风险识别与评估能力，提高企业的风险应对能力。

（3）典型案例——晶澳科技财务造假事件

案例背景：晶澳科技在2024年第一季度因海外子公司在银行账户及网上银行管理、资金付款授权审批等资金活动方面，以及采购预付款支出不符合公司制度要求等采购业务方面存在内部控制缺陷，受到深圳证券交易所等监管机构的处罚。

分析：企业在快速扩张和应对市场变化的过程中，若未能及时完善内部控制机制，将难以有效应对经济环境带来的挑战。因此，企业需在经济环境变化时，动态调整内部控制策略，加强风险管理和内部控制监督，确保各项业务活动的合规性和高效性。对于晶澳科技而言，未来应着重加强内部控制体系的建设，特别是在资金活动、采购业务及重大业务决策等方面，以提升企业的抗风险能力和市场竞争力。

3）社会环境

（1）内涵和构成

社会环境是指企业所处的国家或地区的居民教育程度和文化水平、宗教信仰、风俗习惯、审美观点、价值观念等，这些因素共同构成了企业外部的社会环境，并对企业的经营活动产生深远的影响。

社会环境主要由以下几个方面构成：

①居民教育程度和文化水平

居民的教育程度和文化水平是衡量一个地区社会文化发展水平的重要指标。高水平的教育和广泛的文化知识不仅提升了居民的个人素质，还促进了社会的整体进步。

一是教育程度。教育程度通常指居民接受正规教育的年限和学历水平。较高的教育程度意味着居民具备更强的学习能力和适应能力，能够更好地应对社会变革和发展。

二是文化水平。文化水平涵盖了居民对艺术、历史、科学等文化领域的了解和兴趣。广泛的文化知识有助于培养居民的审美情趣、批判性思维和创新能力。

②宗教信仰

宗教信仰是居民精神生活的重要组成部分，对居民的行为习惯、价值观念和社会关系产生深远影响。

一是信仰多样性。不同地区和民族的居民可能信仰不同的宗教，如佛教、道教、基督教等。这种多样性体现了社会文化的包容性和多元性。

二是信仰影响。宗教信仰不仅影响居民的个人信仰和行为准则，还通过宗教活动、教义传播等方式塑造社会风气和价值观念。

③风俗习惯

风俗习惯是居民在长期社会生活中形成的行为规范和生活方式，是社会文化的重要组成部分。

一是地域特色。不同地区和民族的风俗习惯各具特色，如广东的舞龙舞狮、山东的磕头拜年、四川的看川剧等。这些习俗反映了地域文化的差异性和多样性。

二是传承与变迁。风俗习惯在传承过程中也会随着社会的变迁而发生变化，一些传统的习俗可能逐渐淡化或消失，而新的习俗则可能随着社会的发展而兴起。

④审美观点

审美观点是居民对美的认识和评价标准，反映了居民的文化素养和审美追求。

一是多样性。居民的审美观点因个人经历、文化背景和时代变迁等因素而呈现出多样性，不同的人可能对同一事物产生不同的审美感受和评价。

二是影响因素。教育程度、文化水平、宗教信仰、风俗习惯等都会对居民的审美观点产生影响。例如，受过良好教育的人可能更注重艺术作品的内涵和创意，而受传统习俗影响较深的人可能更偏爱具有地域特色的艺术形式。

⑤价值观念

价值观念是居民对事物重要性和优先级的基本看法，是指导居民行为的重要准则。

一是多元性。随着社会的开放和多元化发展，居民的价值观念也日益呈现出多元性，不同的人可能对同一事物持有不同的价值观念和评价标准。

二是社会影响。价值观念不仅影响居民的个人行为选择，还通过社会互动和舆论传播等方式对整个社会产生深远影响。积极、健康的价值观念有助于构建和谐社会，而消极、扭曲的价值观念则可能引发社会问题和冲突。

（2）作用机理与影响分析

社会环境因素与风险管理视域下的企业内部控制之间存在着密切的关联性，这些环境因素通过特定的作用规则和机理影响企业内部控制的建立、执行和效果。以下是对这种关联性、作用规则及机理的详细分析：

①关联性

一是基础与支撑。社会环境因素构成了企业内部控制的外部基础，企业内部控制制度的建立和实施离不开其所处的社会环境。例如，居民的教育程度和文化水平影响着员工对内部控制制度的理解和遵守程度，而社会风气和价值观则影响着企业内部控制的文化氛围和效果。

二是影响与制约。社会环境因素对企业内部控制产生直接或间接的影响和制约。例如，法律法规环境要求企业内部控制必须合法合规，否则将面临法律风险和处罚。同时，社会监督与约束环境也通过公众舆论、行业规范等方式对企业内部控制进行监督和约束。

②作用规则

一是适应与调整。企业内部控制需要适应社会环境的变化，并根据变化进行调整。例如，随着居民教育程度的提高和文化水平的提升，员工对内部控制制度的理解和遵守程度也会相应提高，这要求企业内部控制在制度设计和执行上更加注重人性化、科学化和规范化。

二是互动与反馈。社会环境因素与企业内部控制之间存在着互动关系。企业内部控制制度的执行效果会反馈到社会环境中，影响社会对企业的评价和信任度。同时，社会环境的变化也会通过员工行为、市场需求等方式反馈到企业内部控制中，要求企业内部控制进行相应的改进和完善。

③社会环境对企业内部控制的影响分析

一是文化渗透。企业文化是社会文化在企业内部的具体表现，它通过价值观、行为准则等方式影响着员工的行为模式和思维方式。良好的企业文化氛围有助于形成积极向上的内部控制环境，提高员工对内部控制制度的认同感和遵守度。

二是制度规范。社会环境因素中的法律法规、行业规范等对企业内部控制具有强制性的规范作用。这些制度规范要求企业必须建立和实施内部控制制度，确保企业经营活动的合法合规和稳健运行。

三是心理影响。社会环境因素通过影响员工的心理状态和行为模式来间接影响企业内部控制的有效性。例如，社会风气和价值观会影响员工的道德观念和职业操守，进而影响他们对内部控制制度的遵守程度。

四是信息传导。社会环境因素中的信息传播和沟通机制也对企业内部控制产生影响。例如，公众舆论和媒体报道可以揭示企业内部控制的缺陷和问题，促使企业及时进行改进和完善。同时，企业也可以通过信息披露和沟通机制向外界传递其内部控制的有效性和稳健性，增强社会对企业的信任和认可。

（3）典型案例——华为在不同文化背景下的内部控制①

案例背景：华为作为一家全球领先的通信设备供应商，在不同文化背景下的国家和地区运营时，面临着如何适应和调整内部控制的挑战。

分析：华为在运营过程中，充分尊重当地的文化习俗、宗教信仰和价值观念。例如，有些国家的国民信仰伊斯兰教，华为会避免在斋月安

---

① 刘宁.华为文化对内部控制的作用与反作用［J］.会计之友，2013（17）：70-73.

排重要的商务活动；在重视家庭关系的亚洲国家，华为会注重与员工及其家庭的沟通和交流。同时，华为还加强了对员工的跨文化培训，提高员工的文化敏感性和适应能力。这些措施有助于华为在不同文化背景下建立良好的内部控制文化，确保企业运营的稳健和高效。

4）技术环境

（1）概念和构成

技术环境是指影响企业和组织运营的所有技术相关因素的总和。技术环境不仅包括那些引起时代革命性变化的发明，还包括与企业生产、服务、销售等各个环节相关的新技术、新工艺、新材料等。它反映了一个国家或地区当前的技术状态、新技术的成就及技术发展动向，也包括国际上有联系的技术发展动态。

技术环境主要由以下几个方面构成：

①技术进步

技术进步是推动技术转型发展的核心动力。它包括技术本身的变革、发展及技术发展对经济增长产生的作用。技术进步不仅涉及改造旧设备、应用新设备、改进旧工艺、应用新工艺等狭义层面，还涵盖生产要素质量的变化，劳动者知识、经验的积累和技能的提高，资源的重新配置和合理应用，提高规模经济，政策的影响，管理水平的提高，提高资金利用效率等广义层面。技术进步的突出特点是能够使劳动生产率迅速提高，从而对企业内部控制和经营战略产生深远影响。

②工艺改进

工艺改进是技术环境中的一个重要方面。它涉及通过调整工艺流程、改进设备和工具、优化操作方法等手段，以提高产品质量、降低成本、提高生产效率的一系列措施。工艺改进是企业追求技术创新和业务发展的必然选择，它要求企业深入了解生产过程，采用系统性方法和策略，涉及多个环节和因素，以实现持续改进和创新。通过工艺改进，企业可以优化生产线工艺，提高产品质量和生产效率，进而提升企业的竞争力和盈利能力。

③硬件技术

硬件技术是技术环境的基础支撑。它涉及计算机、服务器、存储设备、网络设备、传感器等物理设备的性能、可靠性和成本。硬件技术的进步直接影响到数据处理速度、存储容量和传输效率，从而对整个技术环境的性能产生重要影响。随着硬件技术的不断发展，企业可以更加高效地处理和存储数据，支持更复杂的业务运营和管理决策。

④软件技术

软件技术是推动技术环境创新的关键力量。它包括操作系统、数据库、编程语言、开发工具等。软件技术的发展推动了应用系统的创新，提高了数据处理和分析的能力，同时也对硬件技术提出了更高的要求。通过软件技术，企业可以开发出更加智能化、个性化的应用系统，满足市场需求，提高客户满意度。

⑤网络技术

网络技术的发展使得数据和信息可以更加快速、准确地传输，促进了远程办公、云计算、大数据等新型应用模式的出现。网络技术为企业提供了更加灵活、高效的通信方式，有助于企业加强内部协作和与外部合作伙伴的沟通。同时，网络技术的发展也为企业提供了更加丰富的数据资源和分析工具，帮助企业更好地了解市场趋势和客户需求。

⑥信息安全技术

随着网络攻击和数据泄露事件的频发，信息安全技术变得越来越重要。它包括数据加密、防火墙、入侵检测、身份认证等，保障了技术环境中数据的安全性和完整性。企业需要加强信息安全技术方面的投入和管理，确保企业信息资产的安全，防止敏感数据泄露和遭受攻击。

⑦新兴技术

新兴技术如人工智能、区块链、云计算、大数据等正在深刻改变着技术环境的面貌。这些技术的发展为企业提供了更加智能化、自动化的解决方案，有助于企业提高运营效率和创新能力。例如，人工智能技术可以应用于智能客服、智能制造等领域；区块链技术可以应用于供应链金融、数字版权等领域；云计算技术可以为企业提供灵活、可扩展的计算和存储资源；大数据技术可以帮助企业更好地了解市场趋势和客户需求。

⑧政策与法规环境

政策与法规环境对技术环境的发展具有重要影响。国家对科技开发的投资和支持重点、该领域技术发展动态和研究开发费用总额、技术转移和技术商品化速度、专利及其保护情况等方面的政策与法规都会影响到企业的技术创新和发展战略。企业需要密切关注政策与法规环境的变化,及时调整自身的技术创新和发展策略,以适应外部环境的变化。

(2)作用机理与影响分析

在风险管理视域下,技术环境与企业内部控制之间存在密切的关联性。技术环境不仅影响企业内部控制的实施效率和效果,还对其风险管理和合规性产生重要影响。

①关联性分析

一是相互促进的关系。随着大数据、人工智能、云计算等技术的不断进步,企业内部控制的方式和方法也在不断创新和优化,这些新技术为企业提供了更加高效、智能的内部控制手段,使得企业内部控制更加精准、及时和有效。有效的内部控制体系能够为企业技术创新提供坚实的保障。通过建立健全的风险评估、控制活动和监督机制,企业能够确保技术创新过程中的资源合理配置、信息准确传递和风险有效防控,从而保障技术创新活动的顺利进行和成果的顺利转化。

二是相互依赖的关系。技术创新往往需要大量的资金、人才和资源投入,而这些投入的有效性和效率直接受到企业内部控制的影响,只有建立健全的内部控制体系,企业才能确保技术创新投入的合理性和效率性,从而避免资源浪费和损失。随着技术的不断进步和创新趋势的发展,企业面临的外部环境和内部条件也在不断变化,为了适应这些变化并保持竞争力,企业需要不断提升内部控制的智能化、自动化水平及风险防控能力,而这一切都离不开技术进步的支持和推动。同时,新兴技术的应用也可能带来新的风险和挑战,如网络安全风险、数据隐私风险等,企业需要加强对这些风险的管理和控制,以确保内部控制的有效性和合规性。

②技术环境对企业内部控制的影响分析

一是技术环境对内部控制流程的影响。在风险管理视域下，技术环境可以优化内部控制流程。例如，通过引入自动化和人工智能技术，企业可以自动化和优化内部控制流程，减少人为错误和舞弊行为的发生。

二是技术环境对内部控制信息系统的支持。内部控制信息系统是企业实施内部控制的重要工具，技术环境的发展为内部控制信息系统的建设提供了强大的支持。例如，通过引入云计算和大数据技术，企业可以构建更加高效、智能的内部控制信息系统，实现对业务流程的实时监控和数据分析。

三是技术环境对内部控制风险评估的作用。风险评估是内部控制的重要环节，技术环境的发展为风险评估提供了更加准确、高效的方法和手段。例如，通过引入人工智能和机器学习技术，企业可以建立风险评估模型，对潜在风险进行预测和评估，为风险应对提供决策支持。

四是技术环境对内部控制监督与反馈的促进。内部控制的监督与反馈是确保其有效运行的关键，技术环境的发展为内部控制的监督与反馈提供了更加便捷、高效的手段。例如，通过引入区块链技术，企业可以实现内部控制流程的透明化和可追溯性，加强对内部控制执行情况的监督和反馈。

（3）典型案例——南钢集团智能化内部控制体系

案例背景：通过引入大数据、人工智能、数字孪生等先进技术，南钢集团构建了集审计、生产、运营等多维度于一体的智能化内部控制体系。

影响分析：南钢集团通过构建一套高度智能化的内部控制体系，成功实现了对供应链、物流及销售等诸多业务流程的精细化管理。这一创新性管理体系不仅显著提升了管理效能，还有效降低了运营成本，并极大地增强了企业的风险识别与防控能力。南钢集团此举旨在积极适应复杂多变的技术环境，确保其能够实现长期稳定的可持续发展，从而在激烈的市场竞争中保持领先地位。

4.1.2　内部因素对风险管理视域下企业内部控制实施的影响机理分析

风险管理视域下，企业内部控制的实施受到多种内部因素的影响，这些因素共同作用于企业内部控制的实施过程，形成复杂的影响机理。因此，对影响企业内部控制的内部因素进行深入分析，不仅有助于企业更好地理解内部控制与风险管理之间的关系，还能为企业优化内部控制体系、提升风险管理能力提供有力支持。

《企业内部控制基本规范》第五条明确指出，内部环境是企业建立与实施内部控制的基础。内部环境类应用指引正是针对这一基础环境提供的详细指导，它涵盖了企业组织架构、发展战略、人力资源、社会责任和企业文化等多个方面，这些都是影响企业内部控制质量的关键因素。本书据此对内部因素进行内涵与构成分析，探讨其影响企业内部控制的作用机理。

1）组织架构

（1）内涵和构成

组织架构，也称为组织结构，是指企业按照国家有关法律法规、股东（大）会决议、企业章程，结合本企业实际，明确董事会、监事会、经理层和企业内部各层级机构设置、职责权限、人员编制、工作程序和相关要求的制度安排。它是企业内部的权力结构、组织关系和管理层次的总和，是企业流程运转、部门设置及职能规划等最基本的结构依据。组织架构在内部环境中居于基础地位，是企业实施现代企业制度、进行科学管理和有效内部控制的基石。

组织架构主要由以下几个方面构成：

①治理结构

股东大会：作为公司的最高权力机关，由全体股东组成，负责对公司重大事项进行决策，包括选举和解除董事、审议公司年度报告等。

董事会：作为股东会的业务执行机关，负责企业日常经营活动的指挥与管理，对公司股东会负责并报告工作。董事会下设多个专门委员会

（如战略委员会、审计委员会、提名委员会、薪酬与考核委员会等），以协助董事会更好地履行职责。

监事会：作为股东大会领导下的常设监察机构，负责监督董事会、经理层的行为，确保他们依法履行职责，防止损害企业利益的行为发生。

②内部机构

内部机构是企业根据业务发展需要而遵循科学、合理、高效的原则设置的，包括不同层次的管理人员及由各专业人员组成的管理团队，这些机构负责具体业务的决策、计划、执行、监督和评价，并确保各部门之间权责明确、信息畅通、协调配合。

③权责分配

在组织架构中，权责分配是至关重要的一环。它决定了企业内部各部门、各岗位的职责和权限范围，是确保企业内部控制有效实施的关键。权责分配应遵循权责对等、相互制衡的原则，确保各部门和岗位在履行职责的同时受到相应的监督和制约。

④制度流程

制度流程是组织架构中的重要组成部分，它规定了企业内部各项工作的程序和规范。制度流程包括各种管理制度、业务流程、操作规程等，它们共同构成了企业内部的管理体系和运作机制。通过制定和执行制度流程，可以确保企业内部各项工作的规范化和标准化，提高工作效率和质量。

（2）作用机理与影响分析

①组织架构与企业内部控制的关系

一是基础与支撑。组织架构是企业内部控制的基础。一个科学、合理、高效的组织架构能够为企业内部控制提供有效的支撑，确保内部控制制度的顺利实施和有效执行。同时，企业内部控制也对组织架构的完善和优化起到推动作用，通过内部控制的实施，可以发现组织架构中存在的问题和不足，进而对其进行调整和优化。

二是分工与协作。组织架构明确了企业内部各部门、各岗位的职责和权限，为内部控制提供了清晰的分工体系，这有助于确保各部门、各岗位在履行职责时能够相互协作、相互配合，共同实现企业目标。内部控制则通过制定和执行各项控制制度，确保各部门、各岗位在履行职责时能够遵循一定的规则和程序，从而实现有效的监督和制约。

三是目标与一致性。企业内部控制的目标包括合理保证企业经营管理合法合规、资产安全、财务报告及相关信息真实完整、提高经营效率和效果以及促进企业实现发展战略。这些目标与组织架构的目标是一致的，都是为了实现企业的长期稳定发展。组织架构通过优化企业内部管理结构、提高管理效率等方式，为企业内部控制目标的实现提供有力支持。

②组织架构与企业内部控制的运行规则与原理

一是运行规则。

A.权责对等原则。在组织架构中，各部门、各岗位的职责和权限应当对等，即拥有多大的权力就应当承担多大的责任。这有助于确保各部门、各岗位在履行职责时能够相互制衡、相互监督。

B.协调配合原则。组织架构中的各部门、各岗位应当相互协调、相互配合，共同实现企业目标。这需要建立有效的沟通机制和协作机制，确保信息畅通、资源共享。

C.监督制约原则。内部控制应当建立有效的监督制约机制，对组织架构中的各部门、各岗位进行监督和制约。这有助于确保各部门、各岗位在履行职责时能够遵循一定的规则和程序，防止出现违法违规行为。

二是原理分析。

A.系统论原理。企业可以看作是一个复杂的系统，组织架构是系统的框架，而内部控制则是系统的运行机制。系统论原理强调整体与部分的关系以及系统的动态平衡。在组织架构与内部控制的关系中，应当注重整体优化和动态调整，确保企业系统的稳定运行和持续发展。

B.控制论原理。控制论原理强调对系统的控制和管理。在组织架构与内部控制的关系中，内部控制可以看作是对组织架构的控制和管理机制。通过制定和执行各项控制制度，对组织架构中的各部门、各岗位进行监督和制约，从而确保企业目标的实现。

C.信息论原理。信息论原理强调信息的传递和处理。在组织架构与内部控制的关系中，信息的传递和处理至关重要。组织架构应当建立有效的沟通机制和信息系统，确保信息的及时、准确传递和处理。同时，内部控制也应当注重信息的收集、分析和利用，为企业决策提供有力支持。

③组织架构对企业内部控制的影响分析

一是组织架构决定内部控制的框架与范围。

A.明确权责分配。组织架构通过明确各部门、各岗位的职责和权限，为内部控制提供了清晰的框架。它确定了谁有权做出什么决策、谁负责执行什么任务，以及谁需要对结果负责。这种明确的权责分配有助于确保内部控制措施的有效实施。

B.界定控制范围。组织架构还界定了内部控制的范围。它确定了哪些业务活动需要受到内部控制的约束，哪些部门或岗位是内部控制的重点关注对象。这有助于确保内部控制资源得到合理配置，提高内部控制的效率和效果。

二是组织架构影响内部控制的实施效果。

A.信息沟通与传递。组织架构决定了企业内部信息沟通与传递的路径和方式。一个高效、透明的组织架构能够促进信息的快速传递和共享，有助于内部控制措施的有效实施。如果组织架构过于复杂或存在信息孤岛，将阻碍信息的流通，影响内部控制的实施效果。

B.协调与配合。组织架构还影响各部门、各岗位之间的协调与配合。一个科学、合理的组织架构能够促进部门之间的协同工作，减少冲突和矛盾，提高内部控制的效率和效果。如果组织架构不合理或存在职能重叠，将导致部门之间的摩擦和冲突，降低内部控制的实施效果。

三是组织架构对内部控制风险的影响。

A.风险评估与应对。组织架构在风险评估和应对方面发挥着重要作用。一个完善的组织架构能够确保企业及时识别、评估和应对内外部风险，从而保障企业内部控制目标的实现。如果组织架构存在缺陷或不完善，将增加企业面临的风险，影响内部控制的有效性。

B.监督与反馈。组织架构还决定了企业内部监督与反馈机制的建立和完善。一个有效的组织架构能够确保企业对内部控制的实施情况进行持续监督和评估，及时发现和纠正存在的问题。同时，它还能够提供及时的反馈机制，帮助企业不断改进和完善内部控制措施。

四是组织架构对企业文化与内部控制的融合。

A.塑造企业文化。组织架构在一定程度上塑造了企业的文化。一个强调团队合作、开放沟通和创新思维的组织架构有助于形成积极向上的企业文化，为内部控制的实施提供有力支持。如果组织架构过于僵化或保守，将阻碍企业文化的形成和发展，影响内部控制的实施效果。

B.促进企业文化与内部控制的融合。企业文化与内部控制之间存在密切的联系。一个优秀的组织架构能够促进企业文化与内部控制的融合，使内部控制成为企业文化的一部分，从而增强员工的内部控制意识和责任感。

（3）典型案例——京东以业务为导向进行组织架构

案例背景：京东作为中国的大型电子商务公司，近年来发展迅速，业务范围不断扩大。为了应对各种风险和挑战，京东建立了完善的内部控制体系。

影响分析：京东采用了以业务为导向的组织设计，形成了多个业务单元，各自独立运营。京东的组织结构为其内部控制体系的有效实施提供了有力保障，各业务单元能够更快速地响应市场变化，灵活调整经营策略。同时，各业务单元之间的协作与竞争也促进了公司的整体发展。京东各部门之间的独立性和制约性有助于降低舞弊和错误的发生概率，提高内部控制的效率和准确性。同时，清晰的组织结构也使得企业能够更好地识别和评估风险，及时采取措施进行应对。

2）发展战略

（1）内涵和构成

发展战略是企业在对现实状况和未来趋势进行综合分析和科学预测的基础上，制定并实施的长远发展目标与战略规划，是企业整体战略的重要组成部分。发展战略的核心理念在于为企业明确未来的发展方向和目标，确保企业在激烈的市场竞争中保持领先地位，并实现可持续发展。发展战略主要由以下几个方面构成：

①发展目标

发展目标是企业在未来一定时期内期望达到的具体成果或状态，是发展战略的核心，体现了企业对未来的期望和追求。发展目标应具有前瞻性、挑战性和可行性，它既要符合企业的实际情况，又要能够激励员工为实现目标而努力。

②战略规划

战略规划是指企业为了实现发展目标而制定的具体计划和路径，它涵盖了企业在不同发展阶段的具体目标、工作任务和实施步骤。战略规划通常包括市场分析、竞争对手分析、资源分配、风险评估与应对等方面的内容，以确保企业能够按照既定的路径顺利实现发展目标。

③市场定位

市场定位是企业在市场中的位置和角色，它决定了企业的产品或服务将如何满足市场需求。准确的市场定位有助于企业制定有效的营销策略，提高市场竞争力，从而实现发展目标。

④竞争策略

竞争策略是企业在市场中与竞争对手抗衡的策略，如成本领先、差异化、集中化等。企业应根据自身的资源、能力和市场环境等因素选择合适的竞争策略，以确保在市场中占据有利地位。

⑤增长策略

增长策略是指企业实现持续增长的策略，如市场拓展、产品拓展、多元化等。增长策略的制定应基于对企业内外部环境的深入分析，确保企业能够持续保持竞争优势和增长动力。

⑥风险管理

风险管理是企业在制定和实施发展战略过程中，对可能面临的风险进行识别、评估和应对的过程。风险管理的目的在于降低企业面临的风险，确保发展战略的顺利实施。它涉及对政治、经济、社会、文化、技术等多方面风险的评估和管理。

（2）作用机理与影响分析

①发展战略与企业内部控制的关系

一是发展战略是内部控制的依据和指导。企业在制定发展战略时，需要对内外部环境进行分析，了解企业所处的行业竞争力、市场需求、技术发展等因素。在这个过程中，企业需要通过内部控制的手段，收集各种信息，确定当前外部环境和内部资源的状况，为后续的发展战略制定提供参考依据。企业也需要通过内部控制来确定发展战略的可行性和实施难度，从而在实施过程中减少风险。

二是内部控制是实施企业发展战略的保障与支撑。企业发展战略的制定虽然很重要，但如果没有相应的内部控制措施和制度来保证战略的顺利实施，很可能导致战略无法达到预期的效果。内部控制可以有效地监控和管理企业战略实施过程中的资源使用、风险防控、信息沟通等活动，确保战略目标的顺利实现。

三是二者相互促进和相互影响。企业发展战略的制定需要考虑内部控制的因素和要求，确保战略的可行性和实施的可靠性。企业发展战略的实施也需要依赖于内部控制的支持和配合，确保战略目标的达成。两者之间的关系是相互促进的，企业发展战略的优化和更新也需要依靠内部控制手段的创新和完善。

②发展战略与企业内部控制的运行规则与原理分析

一是目标一致性原则。企业的发展战略和内部控制目标应保持一致，即都是为了实现企业的长期发展和提高竞争力。内部控制的各项程序和制度应围绕发展战略展开，确保战略目标的顺利实现。

二是风险评估与控制原则。发展战略的实施过程中伴随着各种风险，如市场风险、财务风险、运营风险等，内部控制应建立有效的风险评估机制，对可能的风险进行识别、评估和应对，确保企业战略的安全实施。企业的发展战略直接影响企业的风险评估，不同的发展战略会对企业产生不同的风险，因此风险评估要以企业发展战略为依据，考虑企业对风险的承担能力。

三是信息沟通与反馈原则。企业内部控制应建立有效的信息沟通机制，确保战略实施过程中的信息及时、准确地传递和反馈，这有助于企业及时发现和解决问题，调整战略实施的方向和节奏。企业内部控制系统需要被监控，监控活动由持续监控、个别评估所组成，确保企业内部控制能持续有效地运作。

四是持续改进原则。企业的发展战略和风险管理、企业内部控制都不是一成不变的，它们应随着企业内外部环境的变化而不断调整和完善。企业应建立持续改进的机制，对发展战略和内部控制进行定期评估和优化，以适应不断变化的市场环境和内部需求。

③发展战略对企业内部控制的影响分析

一是发展战略决定内部控制的方向和策略。企业的发展战略为内部控制提供了明确的方向和策略指导。无论经济环境是良好还是恶劣，一个有竞争力的企业都需要对自身所面临的机会和风险进行综合性的评估和研判，并据此制定中长期的发展战略。在发展战略的具体执行过程中，企业会不断监控和评估落实情况，定期对标，做好总结分析，从而传导到企业内部控制的方向和策略制定上。通过内部控制侧重点和落脚点的不断更新和调整，企业能够更好地适应市场变化，实现更高质量的发展。

二是发展战略影响内部控制活动的内容和方式。内部控制活动的内容涉及保障企业管理者的各项指标得到准确落实，范围涵盖每个部门，从高级管理层到普通员工都是内部控制的范围。企业发展战略直接影响企业的经营活动范围、每个部门的职能与责任以及相关负责人，这些都会影响内部控制活动的制定与执行。不同企业的组织构架不同，相应的内部控制活动也会采取不同的方式，以确保内部控制的效用发挥到最大。

三是发展战略决定信息收集和传递的方式，影响决策效率。企业的发展战略会决定企业如何获取信息及信息传递的方式。在当前这个信息时代，信息的质量与传递速度对企业的决策非常重要。如果企业发展战略对信息的作用不够重视，会影响信息在企业内部的传递，导致决策的落实与反馈不及时，进而影响企业的下一步决定。内部控制会对企业的信息传递进行管理，确保企业决策能够落地实施，并及时反馈，从而推动企业决策效率的提高。

四是发展战略保证内部控制实施效果。企业的发展战略既包括宏观角度的发展方向和发展策略，也包括微观角度的细节管理。企业通常会将发展战略进行细致化划分，以时间为单位，将大的发展目标分割为若干个小的发展目标，如年度目标、季度目标、月度目标等。在不同的目标执行阶段，明确各个部门、各个岗位的基本职责和工作任务。在这种发展战略细节管理的体系下，企业通过确定分层管理模式，能够获得较好的内部控制效果。

五是发展战略是企业实施合规管理的基本依据。企业在制定和执行内部控制制度时，必须确保这些制度符合企业的发展战略和法律法规的要求。通过内部控制的实施，企业可以有效地防范和应对各种合规风险，确保企业合法合规经营。

（3）典型案例——乐视网内控失效

案例背景：乐视网曾是中国互联网视频行业的佼佼者，以其创新的"乐视生态"战略闻名。然而，近年来因战略激进与内部控制缺失，公司陷入财务困境，最终导致衰败。

影响分析：乐视网的案例凸显了企业在制定战略时，需充分考虑自身实力与资源，避免过度扩张。同时，建立完善的内部控制体系对于确保战略执行与公司稳健运营至关重要。战略与内部控制的协调与促进，是企业实现可持续发展的关键。此外，企业在追求快速发展时，应保持理性与稳健，避免盲目扩张与忽视内部控制。

3）人力资源

（1）内涵和构成

人力资源，又称劳动力资源或劳动资源，是指一个国家或地区在一定时期内，能够推动整个国民经济和社会发展的具有智力劳动和体力劳动能力的人的总称。这个概念可以从以下几个层次来理解：

①广义上：人力资源是指一个国家或地区中，处于劳动年龄、未到劳动年龄和超过劳动年龄但具有劳动能力的人口之和。这包括所有具有劳动能力的人口，无论其是否正在从事社会劳动。

②狭义上：人力资源是指一定时期内组织中的人所拥有的能够被企业所用，且对价值创造起贡献作用的教育、能力、技能、经验、体力等

的总称。这更侧重于组织内部，强调人力资源对组织目标的贡献。

③从经济学角度：人力资源被视为能够推动整个经济和社会发展的重要因素，与物力资源、财力资源、信息资源等共同构成社会生产的基本要素。人力资源被视为第一资源，因为它是一切资源中最宝贵的资源。

④从管理学角度：人力资源管理（Human Resource Management，HRM）是人事管理的升级，通过招聘、甄选、培训、报酬等管理形式对组织内外相关人力资源进行有效运用，以满足组织当前及未来发展的需要，保证组织目标实现与促进成员发展。

人力资源主要由以下几个方面构成：

①人力资源政策

人力资源政策是企业内部控制环境的重要组成部分，它涵盖了员工的招聘、培训、晋升、考核、激励、约束等各个方面。一个系统、科学的人力资源政策能够促生一个高效的内部控制环境，保障内部控制的有效运行。

A.招聘政策：招聘政策决定了企业如何选拔和吸引人才。如果招聘政策不合理，可能导致招聘到的人员不具备必要的职业道德和胜任能力，从而影响内部控制的执行。

B.培训政策：培训政策旨在提高员工的职业素质和专业胜任能力。通过培训，员工能够更好地理解和执行内部控制措施，提高内部控制的效果。

C.激励与约束政策：激励与约束政策能够激发员工的工作热情和创造力，同时规范员工的行为。合理的激励机制和约束机制有助于员工积极参与内部控制活动，并自觉遵守内部控制的规定。

②员工素质与能力

员工是企业内部控制活动的执行者，他们的素质与能力直接决定了内部控制的效果。

A.职业道德：员工的职业道德水平对内部控制至关重要。具备高尚职业道德的员工能够自觉遵守企业规章制度，维护企业内部控制的有效性。

B.专业技能：员工的专业技能水平决定了他们能否胜任内部控制工

作。专业技能强的员工能够更好地理解和执行内部控制措施，提高内部控制的效率和效果。

C.沟通能力：良好的沟通能力有助于员工之间以及员工与管理层之间的信息交流和反馈，这对于及时发现和纠正内部控制中的问题至关重要。

③人力资源风险管理

人力资源风险管理是企业内部控制的重要组成部分，它涉及对人力资源相关风险的识别、评估、应对和监控。

A.人才流失风险：人才流失可能导致企业内部控制措施的执行受到阻碍，甚至导致关键岗位空缺，影响企业的正常运营。

B.关键技术泄露风险：如果掌握关键技术的员工离职或泄密，可能给企业带来重大的经济损失和法律风险。

C.劳动争议风险：劳动争议可能影响企业的声誉和运营稳定性，进而对内部控制环境产生不利影响。

（2）作用机理与影响分析

①人力资源与企业内部控制的关系

一是目标一致性。人力资源管理和企业内部控制的根本目标都是为了增强企业的竞争力和盈利能力，确保企业能够顺利发展。人力资源需要提升员工的能力和道德水平，使员工能够更好地为企业服务；而内部控制则需要建立企业内部的有效控制机制，为企业的发展保驾护航。

二是管理内容联系。人力资源管理和内部控制在管理内容上有很大的联系。人力资源管理包括招聘、培训、激励等内容，而内部控制需要企业在这些方面进行严格的管理，并建立完善的制度来监控这些工作的实施效果。绩效管理是人力资源管理的重要环节，同时也是内部控制的重要内容。

三是相互支持。人力资源管理和内部控制需要相互支持、相互促进。例如，建立统一的信息管理系统是企业健全内部控制和人力资源管理的前提条件之一。人力资源管理需要有集成化的信息管理平台来跟踪、分析和反馈员工信息，而内部控制也需要完整的数据、信息和报告来做出准确的决策和风险评估。

②人力资源对企业内部控制的影响分析

人力资源对企业内部控制有着深远的影响，这种影响体现在多个方面，包括内部控制环境的塑造、风险识别与评估、风险控制与应对、信息沟通与反馈以及企业整体运营效率和效果等。以下是对这些影响的详细分析：

一是塑造内部控制环境。人力资源政策和管理实践有助于塑造企业的内部控制环境，强化企业的核心价值观、道德标准和行为规范。一个积极、健康的企业文化能够激励员工自觉遵守内部控制规定，降低违规风险。同时，人力资源部门根据企业内部控制需求，合理配置人力资源，确保各部门职责明确、权限清晰，有助于形成有效的权力制衡机制，防止权力滥用和舞弊行为的发生。

二是影响风险识别与评估。通过培训和教育提高员工的风险意识，使他们能够识别工作中可能存在的风险点，并及时报告，有助于企业更全面地掌握风险状况，及时采取应对措施。在招聘和选拔过程中，职能部门注重应聘者的职业道德、专业技能和胜任能力等方面的考察，确保新员工符合企业内部控制和风险管理的要求。

三是作用于风险控制与应对。人力资源部门与内部控制部门紧密合作，根据风险识别与评估结果，制定风险应对策略和措施、监督风险控制措施的执行情况，这些策略和措施可能涉及员工培训、激励机制调整、人员调配等方面，以确保风险得到有效控制。

四是促进信息沟通与反馈。人力资源部门通过建立畅通的内部沟通渠道与反馈机制，确保各部门之间、员工与管理层之间的信息畅通无阻，有助于及时传递内部控制和风险管理的相关信息，通过收集和分析员工反馈也可以及时发现内部控制存在的问题和不足，并采取措施加以改进和完善。

五是影响企业整体运营效率和效果。企业通过开展培训和教育来提高员工的专业技能和综合素质，使他们能够更好地胜任工作，有助于提高企业整体运营效率和效果，提升企业的市场竞争力和可持续发展能力。

（3）典型案例——海底捞的成功

案例背景：海底捞作为火锅行业的典范，其独特的人力资源管理模影响分析：海底捞通过多渠道招聘和内部推荐制度吸引优秀人才，注重员工培训和发展，建立员工持股计划和利润分享机制等激励机制，以及营造积极、健康的企业文化，提高了员工的工作积极性和忠诚度，增强了内部控制的有效性。这些措施不仅优化了人力资源配置，还提升了员工的专业素质和工作能力，使员工更好地理解和遵循内部控制制度，从而降低了操作风险和违规风险，为企业的持续稳定发展提供了有力保障。

4）社会责任

（1）内涵和构成

社会责任是指一个组织或个体对社会应负的责任。它要求组织或个体以有利于社会的方式进行经营和管理，承担高于自身目标的社会义务。这种责任超越了法律和经济对组织所要求的义务，是组织管理道德的要求，是组织出于义务的自愿行为。

社会责任包含以下内容：

①经济责任

经济责任是指组织或个体在生产、经营过程中应承担的创造经济价值的责任。对于企业而言，其核心是公司创造利润、实现价值的能力。这包括提供优质的产品和服务，满足消费者的需求，创造就业机会，以及为股东和社会创造经济回报。

②持续发展责任

持续发展责任是指保证企业与社会持续发展的责任。这包括环境保护责任和创新责任两个方面。企业需要采取措施减少污染、节约资源，推动绿色生产；同时，通过技术创新和管理创新，提高企业的核心竞争力和可持续发展能力。

③法律责任

法律责任是指组织或个体在经营活动中应遵守的法律法规，以保障社会秩序和公共利益的责任。这包括依法纳税、保障劳动者权益、保护环境、遵守商业道德等。

④道德责任

道德责任是指组织或个体在经营活动中应遵循的道德规范和价值观，以回报社会、促进社会进步的责任。这包括尊重人权、关爱员工、支持公益事业、推动社会公正等。

（2）社会责任对企业内部控制的影响分析

在风险管理视域下，社会责任对企业内部控制具有深远的影响。

①社会责任对内部控制环境的优化

一是塑造良好的企业文化。社会责任的履行有助于塑造一个积极、健康、负责任的企业形象，这种形象能够激励员工自觉遵守内部控制规定，增强企业的凝聚力和向心力。同时，社会责任也强调诚信、公正等价值观，这些价值观是内部控制环境的重要组成部分。

二是提升员工风险意识。通过履行社会责任，企业能够提升员工的风险意识，使他们更加关注企业运营中可能存在的风险点，并积极参与风险管理和内部控制活动。这种全员参与的风险管理模式有助于提高企业的风险管理水平。

②社会责任对风险评估的完善

一是扩展风险评估范围。传统的风险评估主要关注企业内部的财务、运营等风险，而社会责任要求企业关注更广泛的风险，如环境风险、社会风险、声誉风险等。这些风险的评估有助于企业更全面地了解自身面临的风险状况，从而制定更有效的风险管理策略。

二是提升风险评估准确性。社会责任的履行要求企业更加关注利益相关者的需求和期望，这有助于企业更准确地评估风险对利益相关者的影响程度，从而提高风险评估的准确性。

③社会责任对风险控制的强化

一是推动内部控制措施的落实。社会责任的履行要求企业采取一系列措施来保护环境、关爱员工、支持公益等，这些措施的实施需要内部控制的支持和保障。因此，社会责任的履行有助于推动内部控制措施的落实和完善。

二是加强风险应对能力。通过履行社会责任，企业能够建立起与利益相关者之间的良好关系，这有助于企业在面临风险时获得更多的支持和帮助。同时，社会责任也要求企业具备更强的风险应对能力，以应对可能出现的各种风险和挑战。

④社会责任对信息沟通与反馈的促进

一是增强信息透明度。社会责任的履行要求企业及时、准确地披露相关信息，如环境报告、社会责任报告等。这有助于增强企业的信息透明度，提高利益相关者的信任度。同时，透明的信息披露也有助于企业内部各部门之间的信息共享和沟通。

二是建立有效的反馈机制。社会责任的履行要求企业关注利益相关者的反馈和意见，这有助于企业建立有效的反馈机制，及时发现问题并采取措施加以改进。这种反馈机制也有助于企业内部控制体系的不断完善和优化。

⑤社会责任对企业整体风险管理水平的提升

一是形成全面的风险管理体系。社会责任的履行要求企业从更广泛的角度来审视和管理风险，这有助于企业形成全面的风险管理体系。这个体系不仅包括传统的财务风险、运营风险等，还包括环境风险、社会风险、声誉风险等新兴风险。

二是提升企业可持续发展能力。通过履行社会责任，企业能够建立起与利益相关者之间的长期合作关系，这有助于企业实现可持续发展。同时，社会责任也要求企业关注环境保护、资源节约等方面的问题，这有助于企业实现经济效益和社会效益的双赢。

（3）典型案例——国家能源集团的可持续发展实践

案例背景：国家能源集团致力于可持续发展，通过投资清洁能源项目、推动节能减排等措施，积极履行其社会责任。

影响分析：

①道德责任与内部控制。虽然该案例主要聚焦于持续发展责任，但可持续发展实践同样有助于强化道德责任。通过推动清洁能源项目，企业树立了环保、负责任的形象，这有助于员工形成积极的道德观念，从而加强内部控制的有效性。

②持续发展责任与内部控制。国家能源集团的可持续发展实践有助于降低环境风险，保障企业的稳健发展。通过实施节能减排等措施，企

业减少了环境污染和资源浪费，降低了因环境问题引发的监管处罚和法律风险。同时，可持续发展实践还有助于提升企业的社会形象和品牌价值，吸引更多投资者和合作伙伴的关注和支持。

5）企业文化

（1）内涵和构成

企业文化是指企业在长期的生产经营活动中形成的，并为全体员工所认同和遵循的价值观念、行为准则、经营哲学、道德规范、风俗习惯和企业家精神的总和。企业文化不仅是企业形象的体现，更是一个企业的灵魂，反映了企业的精神面貌和员工的共同追求，是企业凝聚力和竞争力的重要来源。

企业文化包含以下内容：

①企业价值观

企业价值观是企业文化的核心，它反映了企业的基本信仰、道德准则和行为规范。企业价值观通常包括诚信、创新、卓越、团队合作等。这些价值观不仅影响着企业的决策和运营，也塑造着员工的行为和态度。

②企业使命与愿景

企业使命是企业存在的根本目的，它回答了企业为什么而存在的问题。企业愿景则是企业未来的发展目标，它描绘了企业希望达成的远大理想。使命和愿景共同构成了企业文化的灵魂。

③企业家精神

企业家精神是企业文化的重要组成部分，它体现了企业的独特气质和风格。企业家精神通常包括积极进取、敢于挑战、追求卓越等精神特质，这些精神特质激励着员工不断进取，为企业的发展贡献力量。

④企业制度

企业制度是企业内部的规章制度，包括人力资源管理制度、财务管理制度、生产管理制度等。企业制度是企业运行的基础，有助于确保企业的高效运营。同时，企业制度也是企业文化的重要载体，通过制度的制定和执行，可以强化员工对企业文化的认同和遵循。

⑤企业行为规范

企业行为规范是企业内部的行为准则，包括职业道德、工作纪律、行为规范等。行为规范是企业员工在工作中应遵守的基本规则，有助于维护企业的正常运营秩序，同时，行为规范也体现了企业的价值观和企业文化。

⑥企业形象

企业形象是企业文化的外在表现，它包括企业的品牌形象、社会形象等。企业形象反映了企业的社会责任感和公众形象，也是企业文化建设的重要内容之一。通过塑造良好的企业形象，可以提升企业的知名度和美誉度，增强企业的市场竞争力。

⑦企业环境

企业环境是指企业内部的工作环境和生活环境，包括办公环境、生产环境、员工生活设施等。企业环境对员工的情绪和工作效率有重要影响，良好的企业环境有助于提高员工的工作满意度和忠诚度，同时，企业环境也是企业文化的重要体现之一。

⑧企业培训与福利

企业培训是指企业对员工进行的培训和教育，包括新员工培训、在职培训、职业发展培训等。企业培训有助于提升员工的综合素质和业务能力，促进员工的个人成长和企业的持续发展。企业福利是指企业为员工提供的福利待遇，包括薪酬福利、社会保险、员工关怀等。企业福利对员工的满意度和忠诚度有重要影响，有助于吸引和留住人才。

（2）企业文化对企业内部控制的影响分析

企业文化对企业内部控制的影响是全面的、深远的。在风险管理视域下，企业文化不仅塑造着内部控制环境，影响着风险评估的准确性和控制活动的执行力，还促进着信息共享与沟通及监督与反馈机制的完善。因此，企业应该注重企业文化的建设和引导，以提高内部控制的有效性和可持续发展能力。

①企业文化对内部控制环境的影响

A.塑造内部控制环境。企业文化是内部控制环境的重要组成部分，它影响着员工的价值观、行为规范和道德标准。一个健康、积极的企业文化能够为员工提供一个良好的内部控制环境，使员工在工作中能够自觉遵守内部控制规定，减少违规行为的发生。

B.提高员工风险意识。企业文化中的风险管理理念可以提高员工的风险意识，使员工在工作中更加注重风险防范。当企业面临风险时，员工能够迅速识别并采取相应的措施进行应对，从而降低风险对企业的影响。

②企业文化对风险评估的影响

A.影响风险评估的准确性。企业文化可以塑造员工的行为和思维方式，进而影响风险评估的准确性。在积极的企业文化下，员工会更加注重细节和全面性，从而在进行风险评估时能够更准确地识别和分析潜在风险。

B.促进风险管理的持续改进。企业文化鼓励员工积极参与风险识别、评估和控制过程，有助于企业不断改进和完善风险管理机制。通过员工的参与和反馈，企业能够及时发现和解决风险管理中的问题，提高风险管理的效率和效果。

③企业文化对控制活动的影响

A.规范员工行为。企业文化中的行为规范和道德标准可以规范员工的行为，使员工在工作中能够遵循内部控制的要求进行操作。这有助于减少人为错误和舞弊行为的发生，提高内部控制的有效性。

B.增强控制活动的执行力。企业文化中的价值观和使命感可以激励员工积极参与内部控制活动，提高控制活动的执行力。当员工认同企业的价值观和使命感时，他们会更加努力地工作，确保内部控制活动的有效实施。

④企业文化对信息与沟通的影响

A.促进信息共享。企业文化鼓励员工之间的信息共享和沟通，有助于企业建立有效的信息沟通机制。通过信息共享和沟通，企业能够及时发现和解决内部控制中的问题，提高内部控制的效率和效果。

B.提高信息质量。企业文化中的诚信和透明度要求有助于提高信息的质量。在积极的企业文化下，员工会更加注重信息的真实性和准确性，从而减少虚假信息和误导性信息的产生和传播。

⑤企业文化对监督与反馈的影响

A.强化监督意识。企业文化中的监督意识有助于员工在工作中更加注重监督和反馈。当员工发现内部控制中的问题时，他们会及时向上级报告并采取相应的措施进行解决，从而避免问题的扩大和恶化。

B.促进持续改进。企业文化鼓励员工积极参与监督和反馈过程，有助于企业不断改进和完善内部控制体系。通过员工的参与和反馈，企业能够及时发现和解决内部控制中的不足和问题，提高内部控制的质量和效果。

（3）典型案例——联想集团企业文化对企业内部控制的影响

案例背景：联想将"服务客户、精准求实、诚信共享、创业创新"作为自己的核心价值观。其中，"服务客户"放在最前面，体现了联想对客户需求的重视；"精准求实"强调在尊重规范和标准的同时，注重事情的实质意义；"诚信共享"则强调注重信誉、坦诚相待、相互协作、共享资源；"创业创新"强调艰苦奋斗的拼搏精神和求变求新的意识。

案例分析：联想集团通过构建以"服务客户、精准求实、诚信共享、创业创新"为核心价值观的企业文化，有效地影响了企业内部控制的各个方面。这种企业文化不仅塑造了积极的内部控制环境，还提升了企业的风险评估与应对能力，加强了信息的沟通，促进了控制活动的有效执行。这些影响共同推动了联想集团的稳健发展，使其成为全球个人电脑市场的领导企业。

4.2　制度依据

自2018年以来，国务院国资委、财政部及相关部门发布了一系列关于企业内部控制的重要制度，旨在加强和规范企业内部控制建设，提升企业风险防范能力，确保资产安全和企业可持续发展。本书按照文件颁布的不同主体，分为三个部分对内部控制相关制度进行阐述分析，即国务院国资委、财政部和证监会及其他部门。

4.2.1 国务院国资委

1)《中央企业违规经营投资责任追究实施办法（试行）》

《中央企业违规经营投资责任追究实施办法（试行）》（以下简称《办法》）是国资委于2018年7月13日审议通过并公布的一项重要法规，自2018年8月30日起施行。《办法》的目的在于加强和规范中央企业违规经营投资责任追究工作，完善国有资产监督管理制度，落实国有资产保值增值责任，有效防止国有资产流失。

（1）主要内容解读

《办法》在《国务院办公厅关于建立国有企业违规经营投资责任追究制度的意见》（国办发〔2016〕63号）的基础上，进一步明确了中央企业违规经营投资责任追究的范围、标准、责任认定、追究处理、职责和工作程序等。一是针对违规经营投资问题集中的领域和环节，明确了集团管控、风险管理、购销管理、工程承包建设、资金管理、固定资产投资、投资并购、改组改制、境外经营投资和转让产权、上市公司股权、资产以及其他责任追究情形等11个方面72种责任追究情形。二是为贯彻落实"违规必究、从严追责"的精神，明确了中央企业资产损失程度划分标准。三是规定违规经营投资责任包括直接责任、主管责任和领导责任，并根据资产损失程度、问题性质等，对相关责任人进行责任追究处理。四是清晰界定国资委和中央企业的责任追究工作职责，明确责任追究工作程序，包括受理、初步核实、分类处置、核查、处理和整改等。

（2）对企业内部控制的实施和优化所产生的影响

①增强风险意识。《办法》强调了对违规经营投资行为的严肃追究，促使企业经营管理有关人员更加注重风险防范，增强风险意识，从而推动企业内部控制体系的不断完善。

②完善内控制度。为避免违规经营投资行为的发生，企业需要建立健全内部控制制度，明确各岗位职责和权限，规范经营投资行为。《办法》的出台有助于推动企业不断完善内控制度，提高内部控制的有效性。

③强化监督与考核。《办法》要求国资委和中央企业分级组织开展责任追究工作，这将促使企业加强内部监督和考核力度，确保各项内控制度的有效执行。同时，通过责任追究机制的建立，及时发现和纠正内部控制中存在的问题和不足。

④提升合规经营水平。《办法》的实施有助于推动企业提升合规经营水平，规范经营投资行为，防止国有资产流失。企业将更加注重对法律法规和内部规章制度的遵守，加强内部控制和风险管理，确保企业的合规经营和稳健发展。

2)《中央企业合规管理指引（试行）》与《中央企业合规管理办法》

2018 年，为推动中央企业全面加强合规管理，加快提升依法合规经营管理水平，国资委发布了《中央企业合规管理指引（试行）》。在该指引试行的基础上，为进一步深化中央企业合规管理，国资委于 2022 年发布了《中央企业合规管理办法》。该办法通过部门规章的形式，对中央企业合规管理提出了更高、更全、更实的要求，以刚性约束推动中央企业合规管理水平的提升。

（1）主要内容解读

《中央企业合规管理指引（试行）》明确了中央企业董事会、监事会、经理层的合规管理职责，提出央企设立合规委员会，与企业法治建设领导小组或风险控制委员会等合署，承担合规管理的组织领导和统筹协调工作，定期召开会议，研究决定合规管理重大事项或提出意见建议，指导、监督和评价合规管理工作。提出加强对市场交易、安全环保、产品质量、劳动用工、财务税收、知识产权、商业伙伴等一系列重点领域的合规管理。

《中央企业合规管理办法》是国资委成立以来第一个针对合规管理发布的部门规章。通过部门规章对中央企业进一步深化合规管理提出明确要求。其与指引相比，更加突出刚性约束，内容更全、要求更高、措施更实。具体来讲：

一是明确合规管理相关主体职责。按照法人治理结构，规定了企业党委（党组）、董事会、经理层、首席合规官等主体的合规管理职责，进一步明确了业务及职能部门、合规管理部门和监督部门合规管理"三道防线"职责。

二是建立健全合规管理制度体系。要求中央企业结合实际，制定合规管理基本制度、具体制度或专项指南，构建分级分类的合规管理制度体系，强化对制度执行情况的检查。

三是全面规范合规管理流程。对合规风险识别评估预警、合规审查、风险应对、问题整改、责任追究等提出明确要求，实现合规风险闭环管理。

四是积极培育合规文化。要求中央企业通过法治专题学习、业务培训、加强宣传教育等，多方式、全方位提升全员合规意识，营造合规文化氛围。

五是加快推进合规管理信息化建设。推动中央企业运用信息化手段将合规要求嵌入业务流程，利用大数据等技术对重点领域、关键节点开展实时动态监测，实现合规风险即时预警、快速处置。

（2）对企业内部控制的实施和优化所产生的影响

《中央企业合规管理指引（试行）》与《中央企业合规管理办法》的目的与宗旨具有一致性，前者为后者提供了基础框架和指导思想，后者在继承前者核心原则和精神的基础上，结合新的形势和要求，进行了补充、细化和完善。二者对企业内部控制的实施和优化产生了深远影响。

①强化合规意识，提升内控地位

一是合规管理成为必选之路。《中央企业合规管理办法》明确合规管理是央企必须开展的工作，属于刚性约束，这促使企业将合规管理纳入内部控制体系的核心，提升合规和内控在企业管理中的地位。

二是全员合规责任制。企业主要负责人作为推进法治建设第一责任人，应切实履行依法合规经营管理职责，这要求企业建立全员合规责任制，将合规意识渗透到每个员工和每个业务环节，为内部控制的实施奠定坚实基础。

②完善内控体系，明确职责分工

一是建立健全合规管理制度。《中央企业合规管理办法》要求企业建立分级分类的合规管理制度体系，明确合规管理的基本制度、具体制度或专项指南，促使企业完善内部控制体系，确保各项管理活动有章可循、有据可查。

二是明确合规管理职责。《中央企业合规管理办法》详细规定了企业党委（党组）、董事会、经理层、合规委员会、合规管理负责人，以及业务部门在合规管理中的职责。这有助于企业明确内部控制各环节的职责分工，避免管理漏洞和重复劳动。

③优化内控流程，强化风险防控

一是合规审查嵌入业务流程。《中央企业合规管理办法》要求将合规审查作为经营管理行为的必要程序，嵌入业务流程。这促使企业在业务流程中加强合规审查，确保各项决策和行为的合规性，从而优化内部控制流程，降低合规风险。

二是建立合规风险识别评估预警机制。《中央企业合规管理办法》要求企业全面梳理经营管理活动中的合规风险，建立合规风险数据库，对风险进行识别、评估和预警。这有助于企业及时发现和应对潜在的合规风险，提升内部控制的风险防控能力。

④加强合规文化建设，提升内控效能

一是培育合规文化。《中央企业合规管理办法》强调企业应积极培育合规文化，将合规理念融入企业文化和员工行为准则。这有助于营造全员合规的良好氛围，提升员工的合规意识和责任感，从而增强内部控制的执行力和效能。

二是强化合规培训。《中央企业合规管理办法》要求企业定期组织合规培训，提升员工的合规意识和业务能力。这有助于提升员工的专业素养和内控水平，确保各项管理活动的合规性和有效性。

⑤推动信息化建设，提升内控效率

一是运用信息化手段。《中央企业合规管理办法》鼓励企业运用信息化手段将合规要求和防控措施嵌入流程，实现合规管理的信息化、自动化。这有助于提升内部控制的效率和准确性，降低人为错误和疏漏的风险。

二是建立合规管理信息系统。《中央企业合规管理办法》要求企业建立合规管理信息系统，对合规管理工作进行实时监控和动态管理。这有助于企业及时掌握合规管理情况，发现问题并及时整改，提升内部控制的实时性和有效性。

⑥强化监督问责，确保内控有效执行

一是建立违规举报平台。《中央企业合规管理办法》要求企业建立违规举报平台，鼓励员工积极参与合规监督。这有助于企业及时发现和纠正违规行为，确保内部控制的有效执行。

二是严格责任追究。《中央企业合规管理办法》对合规管理不到位引发违规行为的单位和个人进行严肃问责。这有助于形成有效的威慑力，促使企业各级管理人员和员工严格遵守合规要求和内部控制制度。

3）《关于加强中央企业内部控制体系建设与监督工作的实施意见》

《关于加强中央企业内部控制体系建设与监督工作的实施意见》（以下简称《意见》）是国务院国有资产监督管理委员会为了深入贯彻习近平新时代中国特色社会主义思想和党的十九大精神，认真落实党中央、国务院关于防范化解重大风险和推动高质量发展的决策部署而制定的重要文件。该实施意见旨在充分发挥内部控制（以下简称内控）体系对中央企业的强基固本作用，进一步提升中央企业防范化解重大风险的能力，加快培育具有全球竞争力的世界一流企业。

（1）主要内容解读

①建立健全内控体系，进一步提升管控效能

《意见》强调要建立以风险管理为导向、合规管理监督为重点的内控体系；树立和强化管理制度化、制度流程化、流程信息化的内控理念；通过"强监管、严问责"和加强信息化管理，严格落实各项规章制度；将风险管理和合规管理要求嵌入业务流程，实现"强内控、防风险、促合规"的管控目标。同时，《意见》指出，要强化集团管控，完善管理制度，健全监督评价体系。

②强化内控体系执行，提高重大风险防控能力

《意见》强调要加强重点领域日常管控，聚焦关键业务、改革重点领域、国有资本运营重要环节，以及境外国有资产监管，定期梳

理分析内控体系执行情况，查找制度缺失或流程缺陷，及时研究制定改进措施；加强重要岗位授权管理和权力制衡，实现岗位职责的分离和相互制衡；健全重大风险防控机制，强化企业防范化解重大风险全过程管控。

③加强信息化管控，强化内控体系刚性约束

《意见》强调要提升内控体系信息化水平，加强内控信息化建设力度，推动内控措施嵌入业务信息系统；实现内控体系与业务信息系统互联互通、有机融合；利用大数据、云计算、人工智能等技术实现内控体系实时监测、自动预警、监督评价等在线监管功能。

④加大企业监督评价力度，促进内控体系持续优化

《意见》强调要全面实施企业自评，客观、真实、准确揭示经营管理中存在的内控缺陷、风险和合规问题，形成自评报告并按规定报送上级单位；要加强集团监督评价，围绕重点业务、关键环节和重要岗位组织对所属企业内控体系有效性进行监督评价；要强化外部审计监督，委托外部审计机构对部分子企业内控体系有效性开展专项审计；要充分运用监督评价结果，对整改效果进行检查评价，并建立健全与内控体系监督评价结果挂钩的考核机制，对内控制度不健全、内控体系执行不力等行为给予相应处理。

⑤加强出资人监督，全面提升内控体系有效性

《意见》还要求建立出资人监督检查工作机制，加强对中央企业国有资产监管政策制度执行情况的综合检查工作，并加大监督检查工作结果在各项国有资产监管及干部管理工作中的运用力度。

（2）对企业内部控制的实施和优化所产生的影响

《关于加强中央企业内部控制体系建设与监督工作的实施意见》对企业内部控制的实施和优化产生了深远影响，主要体现在以下几个方面：

①提升内部控制体系的系统性和全面性

《意见》强调建立健全以风险管理为导向、合规管理监督为重点的内控体系，要求企业树立和强化管理制度化、制度流程化、流程信息化的内控理念。这促使企业从整体上规划和设计内部控制体系，确保内控

体系覆盖企业的所有业务领域、部门、岗位，以及各级子企业，从而提升了内部控制体系的系统性和全面性。

②增强内部控制的执行力和有效性

《意见》要求企业加强内控体系的有效执行，特别是在关键业务、改革重点领域、国有资本运营重要环节，以及境外国有资产监管等方面。这促使企业更加注重内部控制的实际执行效果，通过加强重要岗位授权管理和权力制衡、健全重大风险防控机制等措施，确保内部控制得到有效执行，从而增强了内部控制的执行力和有效性。

③推动内部控制与信息化的深度融合

《意见》明确提出要提升内控体系信息化水平，要求企业结合国资监管信息化建设要求，加强内控信息化建设力度。这促使企业将内部控制措施嵌入业务信息系统，实现内控体系与业务信息系统的互联互通、有机融合。通过利用大数据、云计算、人工智能等技术，企业可以实现内控体系的实时监测、自动预警和监督评价，从而提升内部控制的智能化水平，推动内部控制与信息化的深度融合。

④完善内部控制的监督评价机制

《意见》要求企业健全监督评价体系，统筹推进内控、风险和合规管理的监督评价工作。这促使企业建立定性与定量相结合的内控缺陷认定标准、风险评估标准和合规评价标准，规范了监督评价工作程序、标准和方式方法。通过全面实施企业自评、加强集团监督评价和强化外部审计监督等措施，企业可以及时发现和纠正内部控制存在的问题和不足，从而不断完善内部控制体系。

⑤提升企业的风险防范能力和竞争力

通过加强内部控制体系的建设与监督，企业可以更加有效地识别、评估和应对各种风险，包括市场风险、信用风险、操作风险等。这有助于企业降低经营风险，提升经营稳健性。同时，优化后的内部控制体系还可以帮助企业提高管理效率和经营效益，从而增强企业的核心竞争力，提高市场地位。

⑥促进企业的可持续发展

内部控制体系的优化和完善有助于企业建立健全的治理结构和

规范的管理制度，为企业的可持续发展奠定坚实基础。通过加强内部控制的监督评价和责任追究机制，企业可以形成"以查促改""以改促建"的动态优化机制，不断推动内部控制体系的持续改进和完善。这有助于企业更好地适应市场变化和发展需求，实现长期稳健发展。

4）"关于做好中央企业内部控制体系建设与监督工作有关事项的通知"系列文件

2019年，国务院国资委印发了《关于加强中央企业内部控制体系建设与监督工作的实施意见》（以下简称《实施意见》），对中央企业内控体系建设与监督工作提出了规范性要求。随后5年，从2020年至2024年，国资委持续发布相关文件（《关于做好2020年中央企业内部控制体系建设与监督工作有关事项的通知》（国资厅发监督〔2019〕44号）、《关于做好2021年中央企业内部控制体系建设与监督工作有关事项的通知》（国资厅监督〔2020〕307号）、《关于做好2022年中央企业内部控制体系建设与监督工作有关事项的通知》（国资厅监督〔2021〕299号）、《关于做好2023年中央企业内部控制体系建设与监督工作有关事项的通知》（国资厅监督〔2023〕8号）、《关于做好2024年中央企业内部控制体系建设与监督工作有关事项的通知》（国资厅监督〔2024〕20号）），对中央企业内部控制体系建设与监督工作进行了进一步的细化和深化。

（1）主要内容解读

①2020年至2024年相关文件要点

一是政策延续性。持续加强内控体系建设。各年度均强调要持续加强中央企业内部控制体系建设，确保内控体系的有效运行。强化风险防控。面对国内外经济环境的变化，各年度均强调要提升中央企业防范化解重大风险的能力。

二是政策深化。加强党对内控工作的领导。自2020年起，各年度政策均强调要加强党对内控体系建设与监督工作的全面领导，确保内控工作与企业治理结构的深度融合。提升内控体系信息化水平。随着技术的发展，各年度政策均要求中央企业加强内控信息化建设，利用现代信息技术手段提升内控体系的智能化水平。完善内控监督评价机制。各年度政策均要求中央企业加强内控监督评价工作，通过建立健全内控体系有效性评估机制等方式，确保内控体系的有效运行和持续改进。

三是政策创新。推动境外内控体系建设。针对中央企业境外经营的特殊性，近几年政策特别强调了要加强境外单位内控体系建设，确保境外国有资产的安全和合规经营。强化"关键少数"内控监督约束。针对企业高层管理人员等"关键少数"，各年度政策均要求加强对其内控监督约束，确保其依法合规履行职责。

②2024年最新政策动态

一是加快推进内控建设与监督体系全覆盖。2024年的通知特别强调了要加快推进内控建设与监督体系全覆盖，确保内控体系覆盖到企业的所有业务领域、部门和岗位。

二是强化智能化内控体系全覆盖。利用智慧合同管理系统和智慧合规管理系统等智能化手段，提升内控体系的效率和准确性。

三是探索建立内控体系有效性评估机制。要求中央企业结合年度集团监督评价情况，选取重点企业对内控体系有效性进行评价打分，并根据评价结果分类细化内部管控措施。

（2）对企业内部控制的实施和优化所产生的影响

"关于做好中央企业内部控制体系建设与监督工作有关事项的通知"系列文件的出台，对企业内部控制的实施和优化产生了积极影响。这些政策文件持续推动企业建立健全内控体系、强化集团管控、提升信息化水平、加强重点领域和关键岗位管控等方面的工作。同时，也促使企业不断审视和优化自身的内部控制流程和方法，提升风险管理能力，确保经营活动的合法合规，提升中央企业的整体竞争力，推动高质量发展。

①对企业内部控制实施的影响

一是建立健全内控体系。政策文件要求企业建立健全以风险管理为导向、合规管理监督为重点的内控体系，这促使企业重新审视和优化自身的内部控制架构，确保内控体系的有效性和全面性。

二是强化集团管控。通过明确中央企业主要领导人员为内控体系监管工作第一责任人，并完善企业内部管控体制机制，政策文件推动了企业集团化管理的加强，提升了整体管控效能。

三是提升信息化水平。政策文件强调要加强内控信息化建设，利用现代信息技术手段提升内控体系的有效性。这促使企业加大在信息化方面的投入，推动内控体系与业务信息系统的互联互通，提高了内控管理的效率和准确性。

四是加强重点领域和关键岗位管控。政策文件要求企业加强重点领域和关键岗位的内控管理。这有助于企业识别并应对潜在风险，确保经营活动的合法合规。

②对企业内部控制优化的影响

一是推动持续改进。政策文件要求企业建立健全内控体系有效性评估机制，定期对内控体系进行评估和改进。这促使企业不断审视和优化自身的内部控制流程和方法，确保内控体系能够适应企业发展的需要。

二是强化监督问责。通过加强内部监督和外部审计，严肃问责内控体系执行不力的行为。这增强了企业员工的内控意识和责任感，推动了内控体系的有效执行。

三是提升风险管理能力。政策文件要求企业加强重大风险防控，提升对经营环境变化、发展趋势的预判能力。这促使企业建立完善的风险管理机制，提高应对复杂多变市场环境的能力。

四是加强境外内控体系建设。针对中央企业境外经营的特殊性，政策文件特别强调了要加强境外单位内控体系建设。这有助于企业规范境外经营行为，确保境外国有资产的安全和合规经营。

4.2.2 财政部和证监会

1)《财政部 证监会关于进一步提升上市公司财务报告内部控制有效性的通知》（以下简称《通知》）

近年来，虽然上市公司在实施企业内部控制规范方面取得了一定成效，但部分上市公司仍存在对内部控制重视程度不够、内部控制缺陷标准不恰当、内部控制评价和审计未充分发挥应有作用等问题。为了贯彻落实《国务院关于进一步提高上市公司质量的意见》（国发〔2020〕14号）和《国务院办公厅关于进一步规范财务审计秩序促进注册会计师行业健康发展的意见》（国办发〔2021〕30号）等文件精神，财政部和证监会于2022年联合发布了此通知，旨在进一步提升上市公司财务报告内部控制的有效性。

（1）主要内容解读

《通知》的核心目标旨在加强上市公司财务报告内部控制，提升会计信息质量，防范财务造假，保护投资者权益，并强化资本市场财会监督。

《通知》强调在关键领域，强化资金资产管理，确保交易真实性，防范舞弊风险；严格收入确认政策，防止虚增或提前确认收入；合理控制成本费用，确保信息的真实性；加强投资活动监管，防止以投资为名粉饰财务报表；关注关联交易风险，防止利益输送；建立闭环控制流程，加强风险预警和应急处置；规范财务报告流程，确保会计政策和估计的合理性。

《通知》的实施要求上市公司建立健全内部控制制度，自我评价内部控制有效性；会计师事务所要规范审计行为，提升审计质量，加强监督；政府要加强统筹协调，形成工作合力，加大监管和处罚力度。

（2）对企业内部控制的实施和优化所产生的影响

《财政部 证监会关于进一步提升上市公司财务报告内部控制有效性的通知》对企业内部控制的实施和优化产生了深远的影响。这些影响不仅有助于提升上市公司财务报告的真实性和准确性，保护投资者权益，还有助于推动企业内部控制体系的不断完善和优化，提升企业整体竞争力和市场价值。

①提升对内部控制的重视程度

《通知》强调了内部控制在上市公司财务报告中的重要作用，要求企业高度重视内部控制的实施和优化。这促使企业管理层将内部控制纳入公司战略层面进行考虑，提升了内部控制在企业中的地位和受重视程度。

②完善内部控制体系

《通知》中明确了内部控制的重点领域，包括资金资产活动、收入确认、成本费用、投资活动、关联交易等。这些领域是上市公司财务报告内部控制的关键环节，也是财务造假和舞弊行为的高发区。因此，企业需要针对这些领域完善内部控制体系，制定更加严格、细致的内部控制制度和流程，确保财务报告的真实性和准确性。

③加强风险评估与控制

《通知》要求企业加强风险评估与控制，特别是针对财务报告内部控制的有效性进行评估。这促使企业建立更加完善的风险评估机制，对潜在的内外部风险进行及时识别和有效应对。同时，企业还需要加强内部控制的执行力度，确保各项控制措施得到有效落实，从而降低财务报告错报和舞弊行为的风险。

④提升内部控制信息披露质量

《通知》要求企业加强内部控制信息披露，提高披露的透明度和准确性。这促使企业更加注重内部控制信息披露的质量和效果，加强与投资者、监管机构等利益相关方的沟通与交流。通过提高内部控制信息披露的质量，企业可以增强投资者信心，提升公司形象和市场价值。

⑤推动内部控制持续改进

《通知》鼓励企业建立内部控制持续改进机制，对内部控制体系进行不断优化和完善。这促使企业形成持续改进的文化和氛围，不断推动内部控制水平的提升。通过持续改进内部控制体系，企业可以更好地适应市场变化和业务发展需求，提高经营效率和效果。

⑥强化监管与处罚力度

《通知》中强调了监管部门对上市公司财务报告内部控制有效性的评估和监管力度，并加大了对违法违规行为的处罚力度。这促使企业更加注重内部控制的合规性和有效性，避免因内部控制缺陷而引发的监管风险和法律责任。同时，监管部门加强监管也为企业提供了更加公平、透明的市场环境。

2)《关于强化上市公司及拟上市企业内部控制建设推进内部控制评价和审计的通知》

为深入贯彻落实党的二十大精神和中央办公厅、国务院办公厅印发的《关于进一步加强财会监督工作的意见》以及《国务院关于进一步提高上市公司质量的意见》（国发〔2020〕14号）有关要求，财政部、证监会于2023年联合发布了《关于强化上市公司及拟上市企业内部控制建设推进内部控制评价和审计的通知》（以下简称《通知》），强调了加强企业内部控制、提升会计信息质量、规范资本市场运作的重要性。

（1）主要内容解读

①适用范围与要求

《通知》要求上市公司应严格按照《企业内部控制基本规范》（财会〔2008〕7号）及企业内部控制配套指引的要求，持续优化内部控制制度、完善风险评估机制；加强内部控制评价和审计，科学认定内部控制缺陷，强化内部控制缺陷整改。要求拟上市企业应自提交以特定日期（如2024年12月31日）为审计截止日的申报材料开始，提供会计师事务所出具的无保留意见的财务报告内部控制审计报告。已经在审的拟上市企业，应于更新年报材料时提供上述报告。

②内部控制评价与审计

企业应建立科学的内部控制评价体系，对内部控制的有效性进行客观、公正的评价；内部控制评价应涵盖企业的所有重大业务活动和高风险领域。

企业应聘请具有资质的会计师事务所实施财务报告内部控制审计。注册会计师应严格遵照相关规范要求对上市公司及拟上市企业财务报告内部控制实施审计，勤勉尽责，充分了解和掌握企业内部控制建设和实施情况。审计应重点关注企业内部控制的有效性、财务报告的准确性和可靠性等方面。

③信息披露与监管

企业应真实、准确、完整地披露内部控制相关信息，包括内部控制评价报告和审计报告等；对于因特殊原因无法按时披露内部控制相关信息的企业，应提前向监管部门说明情况，并在规定时间内补充披露。

财政部和证监会将加强对上市公司及拟上市企业内部控制建设和执行情况的监督检查；对于违反通知要求的企业，将依法依规进行处罚，并公开通报相关情况。

（2）对企业内部控制的实施和优化所产生的影响

《关于强化上市公司及拟上市企业内部控制建设推进内部控制评价和审计的通知》对企业内部控制的实施和优化产生了全面而深远的影响。企业需积极响应政策要求，加强内部控制建设，提升内部控制水平，以应对日益复杂的市场环境和监管要求。

①提升内部控制重视程度

《通知》由财政部、证监会联合发布，体现了监管层面对企业内部控制的高度重视，企业需积极响应政策要求，将内部控制纳入公司战略层面进行考虑。随着监管要求的提高，投资者和市场对企业的内部控制水平也提出了更高的期望，企业需通过加强内部控制来增强投资者信心，提升市场竞争力。

②完善内部控制体系

《通知》明确了企业内部控制的重点领域，如资金资产活动、收入确认、成本费用、投资活动、关联交易等，要求企业针对这些领域完善内部控制体系。同时，企业需对现有的内部控制流程进行全面梳理和优化，确保各项控制措施得到有效执行，降低内部控制缺陷和错报风险。

③加强风险评估与控制

企业需建立更加完善的风险评估机制，对潜在的内外部风险进行及时识别和有效应对。通过加强内部控制监控和预警系统，企业能够及时发现并纠正内部控制执行过程中的偏差和问题，确保内部控制的有效性。

④提升内部控制信息披露质量

《通知》要求企业真实、准确、完整地披露内部控制相关信息，包括内部控制评价报告和审计报告等。这有助于提升企业的透明度和公信力。通过加强内部控制信息披露，企业能够更好地与投资者、监管机构等利益相关方进行沟通和交流，建立更加良好的企业形象和市场关系。

⑤推动内部控制持续改进

企业需建立内部控制持续改进机制，对内部控制体系进行不断优化和完善，有助于企业适应市场变化和业务发展需求，提高经营效率和效果。在内部控制实施和优化的过程中，企业可以积极探索新的内部控制方法和工具，如利用数字化、智能化技术提升内部控制的效率和效果。

⑥强化监管与合规要求

《通知》要求财政部、中国证监会等监管部门加强对上市公司及拟上市企业内部控制建设和执行情况的监督检查，对违规行为依法依规进行处理。企业需严格遵守相关法律法规和监管要求，确保内部控制的合规性。这有助于企业避免法律风险和监管处罚，维护企业的稳定和发展。

⑦促进资本市场健康发展

通过加强内部控制建设和推进内部控制评价和审计，企业能够提升财务报告的准确性和可靠性，降低财务造假和舞弊行为的风险，有助于提高资本市场的整体质量，增强投资者对资本市场的信心，保护投资者权益，这有助于吸引更多的资金进入资本市场，促进资本市场的繁荣和发展。

4.2.3　其他部门

1)《关于进一步加强财会监督工作的意见》

中共中央办公厅、国务院办公厅于2023年印发了《关于进一步加强财会监督工作的意见》（以下简称《意见》）。

（1）主要内容解读

《意见》以习近平新时代中国特色社会主义思想为指导，深入贯彻党的二十大精神，坚持以完善党和国家监督体系为出发点，推动国家治理体系和治理能力现代化。《意见》要求加强党对财会监督工作的领导、明确财会监督主体职责、发挥中介机构执业监督作用、强化行业协会自律监督作用，健全财会监督体系；强调要加强财会监督主体横向协同、强化中央与地方纵向联动、推动财会监督与其他各类监督贯通协调，完善财会监督工作机制；要严肃查处财经领域违反中央宏观决策和治理调控要求的行为，保障党中央、国务院重大决策部署贯彻落实；要强化财经纪律刚性约束，严厉打击财务会计违法违规行为。

（2）对企业内部控制的实施和优化所产生的影响

《意见》对企业内部控制的实施和优化产生了多方面的影响，这些影响有助于提升企业内部控制的战略高度和重要性、推动内部控制体系的完善和优化、促进内部控制与财会监督的有机结合、增强企业风险防范能力、推动内部控制的持续改进和创新，以及加强企业负责人的内部控制责任。

①提升内部控制的战略高度和重要性

《意见》强调了财会监督在党和国家监督体系中的基础性、关键性、支撑性角色，并将财会监督从"政府管理"提升到"国家治理"层面。这一政治定位的提升，使得企业内部控制不再仅仅是企业内部管理的工具，而是成为国家治理体系的重要组成部分。这要求企业必须高度重视内部控制的实施和优化，确保其有效运行，以适应国家治理现代化的需求。

②推动内部控制体系的完善和优化

《意见》中提出了到2025年构建起完善的财会监督体系的目标，其中包括财政部门主责监督、有关部门依责监督、各单位内部监督等多个方面。为实现这一目标，企业需要不断完善和优化自身的内部控制体系，确保其符合财会监督的要求。这包括加强内部控制制度建设、提高内部控制执行力度、加强内部控制监督和评价等方面。

③促进内部控制与财会监督的有机结合

《意见》中强调了财会监督与其他各类监督的贯通协调，要求建立健全信息沟通、线索移送、协同监督、成果共享等工作机制。这要求企业在实施内部控制时，必须充分考虑财会监督的需求，确保内部控制与财会监督的有机结合。例如，企业可以通过建立内部控制与财会监督的信息共享平台，实现内部控制信息与财会监督信息的实时传递和共享，提高监督效率和效果。

④增强企业风险防范能力

《意见》中提出了严厉打击财务会计违法违规行为的要求，包括从严从重查处财务舞弊、会计造假等案件。这要求企业必须加强内部控制建设，提高风险防范能力，确保财务信息的真实性和准确性。通过完善内部控制体系，企业可以及时发现和纠正潜在的财务风险和违规行为，避免因此带来的法律风险和声誉损失。

⑤推动内部控制的持续改进和创新

《意见》中提出了加强内部控制建设是推进国家治理体系和治理能力现代化的内在要求。为适应国家治理现代化的需求，企业需要不断改进和创新内部控制体系，提高其适应性和有效性。这包括引入先进的内部控制理念和方法、加强内部控制信息化建设、培养专业的内部控制人才等方面。

⑥加强企业负责人的内部控制责任

《意见》中明确指出，各单位主要负责人是本单位财会监督工作第一责任人。这要求企业负责人必须高度重视内部控制的实施和优化，确保其有效运行。企业负责人应积极推动内部控制体系的建设和完善，加强内部控制监督和评价工作，确保内部控制目标的实现。

2）新《会计法》

2024年6月28日，第十四届全国人民代表大会常务委员会第十次会议通过了《全国人民代表大会常务委员会关于修改〈中华人民共和国会计法〉的决定》（以下简称《决定》），自2024年7月1日起施行。

（1）主要内容解读

①明确内部控制的法律地位

《决定》首次将内部控制作为法律要求明确提出，这为企业建立健全内部控制体系提供了坚实的法律基础。新《会计法》第二十五条明确要求各单位应当建立、健全本单位内部会计监督制度，并将其纳入本单位内部控制制度。这一规定强调了内部控制与会计制度的紧密联系，凸显了内部控制在企业管理中的重要性。

②强化内部控制的要求

新《会计法》明确了内部控制的具体要求，如记账人员与经济业务事项和会计事项的审批人员、经办人员、财产保管人员的职责权限应当明确并相互分离、相互制约等。这些要求有助于确保内部控制的有效性和执行力度。

新《会计法》加强了对企业内部会计监督的要求，提出建立健全内部会计监督制度，并将其纳入内部控制制度，有助于及时发现和纠正会计工作中的错误和舞弊行为，保障会计信息的真实性和准确性。

③促进内部控制的实施与优化

新《会计法》将促进企业更加重视内部控制体系的建设和优化工作。企业需要根据新《会计法》的要求，对现有的内部控制体系进行全面梳理和评估，查找存在的问题和不足，并采取相应的措施进行改进和完善。同时，新《会计法》鼓励采用现代信息技术开展会计工作，这也将推动企业内部控制的信息化水平提升。通过引入先进的信息化手段和技术工具，企业可以更加高效地实施内部控制，提高内部控制的效果和效率。

④加强内部控制的监督与评估

新《会计法》规定了财政、审计、税务、金融管理等部门应当依照有关法律、行政法规规定的职责对有关单位的会计资料实施监督检查，有助于加强对企业内部控制的外部监督力度，推动企业更好地执行内部控制要求。

新《会计法》强调企业需要定期对内部控制的有效性进行自我评价，并接受外部审计等机构的审计和评估，有助于企业及时发现内部控制存在的问题和不足，并采取相应的措施进行改进和完善。

⑤内部控制与企业治理的关系

新《会计法》强调了内部控制在推进国家治理体系和治理能力现代化中的重要作用，通过加强企业内部控制建设，可以提高企业内部管理水平，防范财务风险，进而推动整个社会的经济健康发展。内部控制的加强将有助于推动企业内部治理结构的完善和优化，通过明确职责权限、加强监督制约等措施，可以形成科学有效的权力制约和协调机制，促进企业的长期稳定发展。

（2）对企业内部控制的实施和优化所产生的影响

新《会计法》对企业内部控制的实施和优化产生了深远影响，这些影响不仅有助于提升企业内部控制的法律地位和实施要求，还推动了内部控制的信息化和智能化进程，加强了内部控制的监督和评估机制，并提升了企业的风险防控能力。

①提升内部控制的法律地位

新《会计法》首次将内部控制作为法律要求明确提出，并规定各单位应当建立、健全本单位内部会计监督制度，将其纳入本单位内部控制制度。这一修订显著提升了内部控制在企业管理中的法律地位，为企业建立健全内部控制体系提供了坚实的法律基础。

②强化内部控制的实施要求

新《会计法》要求记账人员与经济业务事项和会计事项的审批人员、经办人员、财产保管人员的职责权限应当明确并相互分离、相互制约，这有助于防止职责不清导致的内部控制失效。新《会计法》强调了内部会计监督制度的重要性，要求企业建立健全相关制度，以加强对会计工作的监督和管理，有助于确保会计信息的真实性和准确性，防范财务造假等违法行为。

③推动内部控制的信息化和智能化

新《会计法》鼓励采用现代信息技术开展会计工作，这为企业内部控制的信息化和智能化提供了政策支持。通过引入云计算、大数据、人工智能等现代信息技术，企业可以更加高效地实施内部控制，提高内部控制的效果和效率。信息技术的应用有助于打破业务部门和财务部门之间的信息壁垒，实现业务与财务数据的无缝对接和共享，有助于企业更好地掌握经营状况，及时发现和纠正问题，优化内部控制流程。

④加强内部控制的监督和评估

新《会计法》规定，财政、审计、税务、金融管理等部门应当依照有关法律、行政法规规定的职责对有关单位的会计资料实施监督检查，有助于加强对企业内部控制的外部监督力度，推动企业更好地执行内部控制要求。企业需要定期对内部控制的有效性进行自我评价，并接受外部审计等机构的审计和评估，以便及时发现内部控制存在的问题和不足，并采取相应的措施进行改进和完善。

⑤提升企业的风险防控能力

新《会计法》要求企业建立健全内部控制制度，这有助于企业完善风险管理体系，加强对各类风险的识别、评估和控制。通过建立健全风险预警机制、制定风险应对策略等措施，企业可以更好地应对市场变化和经济波动带来的风险挑战。

4.3 风险管理视域下企业内部控制框架构建

风险管理视域下企业内部控制路径优化实施框架，如图4-1所示。

本书构建的实施框架，深刻揭示了风险管理与内部控制之间的核心作用机理及路径优化的实践应用，构建框架分析如下。

4.3.1 风险管理与内部控制的作用机理研究

企业内部控制与风险管理，作为现代企业管理的两大支柱，其核心目标高度一致，均致力于确保企业的稳定运营与可持续发展。两者在维护企业财产安全、提升运营效率、促进合规经营，以及助力企业战略实现等方面发挥着不可或缺的作用。

企业内部控制通过一系列系统化的制度、流程和控制措施，旨在构建一个严谨、高效的企业管理框架，以防范和减少内部错误、舞弊及不合规行为的发生。它不仅关注日常运营的风险防控，还通过持续优化和完善内部环境、风险评估、控制活动、信息与沟通，以及内部监督等要素，全面提升企业的治理水平和风险应对能力。

```
风险管理与          ┌──────────┐  ┌──────────┐           委托代理理论
内部控制    ──→ │ 风险   组成部分  │内部│  制度理论
机理分析           │ 管理   最终目标  │控制│ ←── 管理控制理论 ←── 理论
                   │      参与主体        │      目标设定理论       依据
                   │      相互依存        │      内部审计理论
                   │      相互促进        │
                   └──────────┘  └──────────┘
```

```
               ┌─────┐  PEST分析           国务院国资委
               │外部│  框架             《中央企业违规经营投
               │因素│  政治环境         资责任追究实施办法
               └─────┘  经济环境         (试行)》《中央企业合
影响因素                社会环境         规管理指引》与《中央
分析                    技术环境         企业合规管理办法》等

                                          《财政部 证监会关于
               ┌─────┐  企业内部控     进一步提升上市公司      制度
               │内部│  制基本规范     财务报告内部控制有  ←── 依据
               │因素│  组织架构       效性的通知》等
               └─────┘  发展战略
                        人力资源           其他部门
                        社会责任         《关于进一步加强财
                        企业文化         会监督工作的意见》、
                                          新《会计法》等
```

```
               ┌──────────┐        制度设计与实施
               │企业内部控制共性问题│        层面
问题与困境      └──────────┘        公司治理结构与组织
分析                                        结构层面              困境
               ┌──────────┐        监督与评价体系层面企  ←── 梳理
               │行业企业内部控制差异│        业文化与人才管理层面
               │性问题            │        信息化与技术应用层面
               └──────────┘
```

```
               ┌─────┐ ┌─────┐ ┌─────┐     系统化、
路径优化        │宏观层面│ │中观层面│ │微观层面│ ←── 多维度
研究            └─────┘ └─────┘ └─────┘
               业务流程内部控制优化;行业差异化内部控制规
               范体系建设;风险管理与内部控制理论研究应用
```

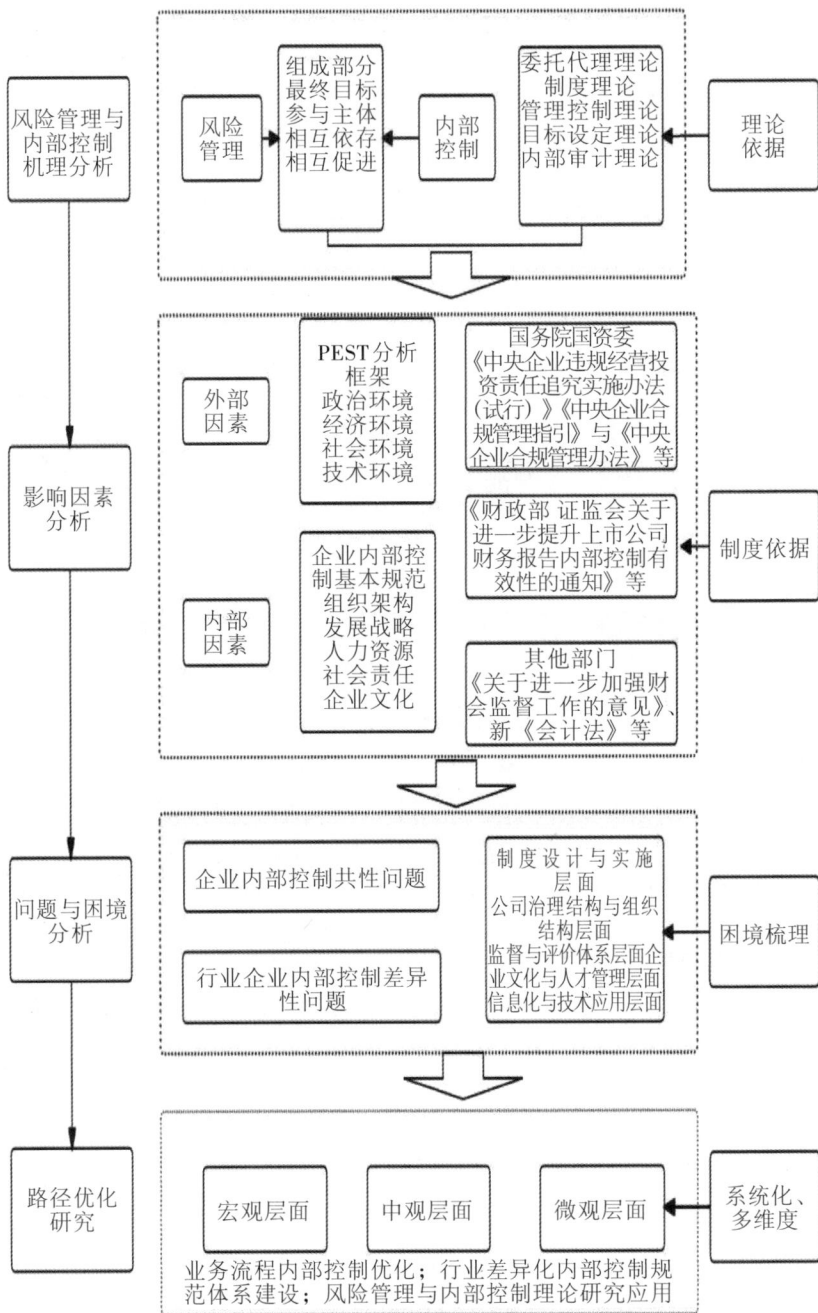

图4-1　风险管理视域下企业内部控制路径优化实施框架图

风险管理，是以一种前瞻性的视角，对企业内外部环境中可能存在的各类风险进行全面识别、评估、监控和应对。它不仅涵盖了对财务、市场、运营、法律等各类风险的评估与管理，还强调了对风险承受能力的评估及风险偏好的设定，确保企业在追求收益最大化的同时，能够合理控制风险水平，保障企业的长期稳健发展。

①企业内部控制与风险管理之间紧密相联，相互影响，共同构成了企业风险防控的坚固防线。内部控制为风险管理提供了坚实的制度基础和执行保障，确保风险管理策略的有效落地；而风险管理则为企业内部控制指明了方向，通过不断识别和评估潜在风险，引导企业内部控制持续优化和调整，以适应外部环境的变化和企业发展的需要。

企业内部控制与风险管理的组成部分重合，如控制环境、风险评估、控制活动、信息与沟通、监督等内容。最终目标相同，如经营目标、合规性目标和参与主体等。企业内部控制与风险管理之间存在着相互依存、相互促进的关系。这种关系体现在多个方面，共同推动企业稳健发展和战略目标实现。

②在风险管理的初始阶段，企业必须依托内部控制的完善体系，遵循既定的制度和流程，对可能威胁企业安全的各种内外部风险进行细致入微的识别和全面准确的评估。这一过程不仅确保了风险识别的广泛覆盖，更通过科学的评估方法，提升了风险识别的精确度，为后续的风险管理活动奠定了坚实的基础。

与此同时，内部控制体系中的风险评估环节，作为连接风险识别与风险控制的桥梁，发挥着承上启下的关键作用。它会对已识别的风险进行深入的分析和细致的评估，挖掘风险的根源，预测风险的发展趋势，从而为制定有针对性的风险控制措施提供科学依据和有力支撑。这一环节的精准运作，不仅提升了风险管理的效率，更确保了风险控制措施的有效性和针对性。

企业内部控制与风险管理在运行规则上紧密相关，尤其在风险识别与评估方面相辅相成，共同构成了企业稳健运营的坚固防线。它们相互支持，相互补充，共同应对企业面临的各种挑战和威胁，确保企业在激烈的市场竞争中保持稳健的步伐，实现持续的发展和增值。因此，企业必须高度重视内部控制与风险管理的建设与完善，不断提升二者的协同效应，为企业的长远发展注入强大的动力。

4.3.2 风险管理视域下企业内部控制理论依据研究

我们在探讨风险管理和内部控制时，不可避免地要涉及一系列重要的理论基础。这些理论不仅构成了我们理解这两个概念的基础，也为我们在实际操作中提供了指导和依据。本书应用的理论基础有委托代理理论、制度理论、管理控制理论、目标设定理论，以及内部审计理论等，并分析了它们与风险管理和内部控制的关系。

1）委托代理理论

委托代理理论研究的是在利益相冲突和信息不对称的环境下，如何设计最优契约激励代理人，使其行为符合委托人的利益。该理论成为制度经济学契约理论的主要内容之一，也是理解和研究内部控制的重要理论之一，旨在解决企业所有者兼具经营者所带来的弊端，倡导所有权和经营权分离。例如，企业所有者（委托人）通过设计合理的激励和约束机制，确保管理者（代理人）的行为符合企业的最大利益。这种机制不仅涉及薪酬设计，还包括内部控制制度的建立和执行，以确保管理者不会为了个人利益而损害企业利益。[①]

委托代理理论与风险管理和内部控制的结合应用，可以形成一套完整的企业治理和内部控制体系，为企业的持续稳定发展提供有力保障。例如，在企业的风险管理中，委托代理理论可以指导企业如何识别和评估潜在的风险因素，并设计相应的风险应对措施。而内部控制则通过制定风险管理制度和流程，确保风险应对措施的有效执行，从而降低企业的风险水平。

2）制度理论

制度理论是社会科学领域中的一个重要理论框架，它主要关注社会结构、文化和制度对个体和组织行为的影响。制度理论指出，组织是在其面临的制度环境下运作的，这些制度环境包括法律法规、行业标准、

① 陈汉文，欧娟，黄轩昊.内部控制能够改善员工激励吗？——基于员工持股计划视角[J].北京工商大学学报（社会科学版），2019，34（6）：23-36.

社会规范等，企业内部控制制度的设计和实施必须考虑这些外部制度因素，以确保企业的合规性和合法性。

随着制度环境的不断变化和发展，企业内部控制制度也需要不断更新和完善，要根据外部环境的变化和内部管理的需求，及时调整和优化内部控制制度的内容和流程，以确保其有效性和适应性。在制度理论的指导下，企业需要根据外部制度环境的变化调整自身的风险管理和内部控制策略。同时，企业还需要通过内部制度的建立和完善，确保自身的风险管理和内部控制实践符合外部制度环境的要求。

3）管理控制理论

管理控制理论，作为企业管理科学的核心组成部分，其核心议题聚焦于如何巧妙运用一系列高效的管理控制手段，以确保企业能够精准达成既定的战略目标。这一理论不仅深刻洞察了企业管理活动的内在逻辑，更为企业在复杂多变的市场环境中稳健前行提供了宝贵的实践指南，尤其在风险管理和内部控制这两大关键领域，其影响力尤为显著。

在风险管理的实践中，管理控制理论的应用体现在风险识别、评估、应对及监控的全过程。它引导企业建立一套科学的风险管理框架，确保企业能够准确识别潜在风险，合理评估风险的影响程度和发生概率，进而制定并实施有针对性的风险应对策略，同时，通过持续的监控活动，及时调整风险管理措施，以应对不断变化的风险环境。

在内部控制领域，管理控制理论的价值同样不可忽视。它强调内部控制制度的建立健全与持续优化，确保企业内部控制活动能够覆盖企业运营的各个环节，从财务报告的真实可靠到资产的安全完整，从经营活动的合法合规到战略目标的顺利实现，无一不体现着管理控制理论的智慧与力量。通过明确职责分工、加强信息沟通、实施内部监督等手段，管理控制理论助力企业构建起一道坚固的内部控制防线，为企业的健康发展保驾护航。①

---

① 杨雄胜.内部控制发展问题研究［D］.大连：东北财经大学，2005.

4）目标设定理论

目标设定理论是指目标本身具有激励作用，目标能把人的需要转化为动机，使人们的行为朝着一定的方向努力，并将自己的行为结果与既定的目标相对照，及时进行调整和修正，从而实现目标。在风险管理和内部控制领域，目标设定理论强调明确的目标对企业行为的重要引导作用，认为企业应该根据自身的战略目标和实际情况，设定明确的风险管理目标和内部控制目标。

在目标设定理论的指导下，企业可以更加清晰地认识到自身在风险管理和内部控制方面的需求和挑战。同时，明确的目标还可以为企业的风险管理和内部控制实践提供明确的指导和方向。[①]例如，企业可以根据自身的风险承受能力设定风险容忍度指标，以指导风险管理策略的制定和执行。

4.3.3 影响因素与制度依据分析

本书的研究框架引入 PEST 分析模型，全面审视了企业内部控制所处的政治环境、经济环境、社会环境及技术环境的复杂变迁，同时，紧密结合《企业内部控制基本规范》的要求，对企业内部的组织架构、发展战略规划、人力资源配置、社会责任担当，以及企业文化的培育进行了深入的内外部影响因素剖析。在此过程中，通过广泛援引国务院国资委、财政部、证监会，以及国务院办公厅等权威机构的相关制度与政策，进一步巩固和拓展了研究的理论根基与实践价值。

4.3.4 问题梳理与困境分析

在深入探讨问题与挑战的层面，本书提出的框架并未止步于表面现象，而是深入挖掘了企业内部控制中普遍存在的共性难题以及因行业特性各异而产生的差异性挑战。它系统地梳理了从制度设计与实施、公司治理结构与组织架构设置、监督与评价体系的建立、企业文化与人才管理的优化，到信息化与技术应用的推进等多个维度所面临的困境与瓶

---

① 张砚，杨雄胜.内部控制理论研究的回顾与展望［J］. 审计研究，2007（1）：37-42.

颈，为本书后续提出的路径优化策略提供了丰富而扎实的现实依据，旨在为企业构建更加健全、高效的风险管理与内部控制体系提供强有力的理论支撑与实践指导。

4.3.5　路径优化对策研究

在深厚的理论研究积淀与丰富的实践依据的双重支撑下，本书系统地从多个维度出发，旨在为我国企业内部控制体系的完善与升级提供全面而深入的指导。从宏观层面的广阔视角，本书着重强调了完善行业标准与提升其适用性的重要性，倡导通过优化内部控制信息的披露机制，增强透明度，以便外界更好地监督与评价。同时，加大监督力度，这不仅在于强化内部控制的执行效果，更在于提升监管的威慑力，确保各项控制措施得以有效落实。此外，本书还积极倡导深入开展内部控制理论研究，并将研究成果转化为实际应用，以理论指导实践，推动内部控制领域的不断进步。

转向中观层面，本书聚焦于行业协会、会计师事务所，以及内部控制标准委员会（CICSC）等关键机构的角色与职能提升。这些机构作为行业规范与标准的制定者与监督者，其职能的优化与强化对于推动整个行业内部控制水平的提升具有不可估量的价值。通过提升这些机构的专业能力、加强行业自律与协作，可以更有效地引导企业建立健全内部控制体系，促进行业内控标准的统一与规范化。

至于微观层面，本书则深入到企业内部控制的具体操作层面，提出了一系列切实可行的优化策略。首先，强调提高内控意识与加强内控文化建设，认为这是构建有效内部控制体系的基石。其次，主张强化企业风险管理机制，通过建立健全风险识别、评估、应对与监控的闭环流程，提升企业抵御风险的能力。同时，完善企业内部控制制度，确保各项控制措施覆盖到企业运营的各个环节。在此基础上，本书还提出了优化企业结构调整、利用数智技术提升内控效率，以及建立有效的监督与反馈机制等创新思路，以期在快速变化的市场环境中，为企业内部控制的持续优化与升级提供动力。

5 风险管理视域下企业内部控制质量提升路径优化

风险管理视域下，企业内部控制质量的提升是一项复杂而系统的工程，它需要多层级、多主体的深度参与、全力配合与严格监督，涉及财政部、证监会、审计署等政府职能部门、行业协会及第三方社会机构、企业等紧密合作与协同监督，以共同构建系统化内部控制体系，为企业的稳健发展和持续繁荣奠定坚实的基础。

这一过程中，政府职能部门，如财政部、证监会、审计署等扮演着至关重要的角色，它们通过制定和完善相关法律法规，为企业内部控制提供了坚实的法律基石和明确的政策导向，同时，借助其监管职能，确保企业内部控制活动的合规性与有效性。行业协会及第三方社会机构同样是企业内部控制质量提升不可或缺的力量。行业协会作为行业内的引领者和协调者，能够参与制定并推广行业内部控制标准，提供最佳实践案例，促进行业内企业的交流与学习，从而整体提升行业的内部控制水平。而第三方社会机构，如会计师事务所、管理咨询公司等，则以其专业的知识和丰富的经验，为企业提供定制化的内部控制咨询、审计及培训服务，帮助企业精准识别风险点，优化内部控制流程，实现管理效能的飞跃。企业内部控制质量的提升最终还须落脚于企业本身。企业作为内部控制的直接实施者和受益者，应充分认识到风险管理视域下内部控制对于保障企业资产安全、提升运营效率、促进战略目标实现的重要性，从而从高层领导到基层员工，全员参与，共同构建起覆盖企业全业务流程的内部控制体系。

因此，基于不同层级、不同维度在企业内部控制中所扮演的角色和所承担的责任，本书从宏观、中观和微观的层面对风险管理视域下企业内部控制质量提升路径优化措施进行研究。

5.1 宏观层面

财政部、证监会、审计署等政府职能部门在企业内部控制中扮演着至关重要的角色，它们通过制定与完善政策法规、监督执行与监管协作、理论研究与应用等多种方式，确保企业内部控制的有效性和合规性，从而维护市场秩序，保护投资者利益，并促进企业的健康发展。本部分从宏观层面探讨财政部、证监会、审计署等政府职能部门在行业标准、内部控制评价、内部控制审计、理论研究与推广等方面多措并举提升企业内部控制质量的优化路径。

5.1.1 完善行业标准与适用性，优化内部控制信息披露

1) 完善行业差异化内部控制规范体系建设

内部控制是企业管理的重要组成部分，它能够帮助企业优化管理流程、提高运营效率、保障资产安全、促进合规经营，并降低各类风险，对于企业的稳定运营和可持续发展至关重要。然而，必须正视的是，不同行业的企业在内部控制体系的构建与实施上往往展现出显著的差异性，这种差异可能源自行业特性的迥异，地域文化及经济环境的影响，企业管理理念和资源条件的局限，以及因其独特的业务模式、风险敞口及监管要求，对内部控制的关注点与侧重点各不相同。

行业差异性的存在，不仅增加了企业内部控制体系建设的复杂性与

挑战性，还可能阻碍不同行业企业间的交流与分享，限制了内部控制整体水平的提升。因此，如何在尊重行业特性的基础上，探索出一套既具有普遍指导意义，又能灵活适用的内部控制框架，成为当前企业内部控制发展面临的重要课题。这要求财政部、审计署、银保监会等政府相关部门多措并举，持续推动企业内部控制的规范化、标准化与优化，以更好地服务于企业的稳健发展与价值创造。

（1）明确目标和原则

行业差异化内部控制规范体系建设目标旨在超越传统内部控制的界限，通过深度结合行业特性、风险管理及企业发展战略，实现定制化风险防控、高效运营与成本优化、数据安全与隐私保护、合规性强化、可持续发展与社会责任、创新管理与激励机制、信息技术融合与数字化转型，以及国际化与跨文化管理。这些目标不仅提升了内部控制的针对性和有效性，还促进了企业在复杂多变的市场环境中保持竞争优势，实现可持续发展。

行业差异化内部控制规范体系建设要遵循的原则与现有的企业内部控制规范在核心原则上存在共通之处，但也有其独特的侧重点和差异化要求，在全面性、重要性、制衡性、适应性、成本效益及创新与灵活性方面需要提升和优化。

①全面性原则

全面性原则强调内部控制应当贯穿决策、执行和监督的全过程，全员参与、全程控制、全面覆盖和融入行业特色，共同构成一个全面、有效的内部控制体系。

全员参与不仅要求内部控制成为企业管理层的核心职责，更强调其应当激发全体员工的积极参与性，形成一种自上而下的全员内控文化，确保每位员工都能深刻理解并践行内部控制，从而在日常工作中自觉遵循相关规范。

全程控制是全面性原则的又一重要体现，它意味着内部控制应如影随形地伴随着企业各项业务流程。如制造行业企业，从原材料的采购、产品的生产、市场营销直至售后服务的每一个细节，都需布下严密的控制网，确保每一环节都能按照既定的标准和程序高效运行，有效防范潜在风险。

全面覆盖则进一步拓宽了内部控制的广度，它要求内部控制体系必须无死角地覆盖到企业及其所属单位的所有业务和事项，无论是财务管理、人力资源管理还是信息技术管理，乃至企业战略规划与执行，都应纳入内部控制的监管范畴，确保企业运营的方方面面都处于严格的监控之下。

此外，融入行业特色是全面性原则在行业差异化内部控制规范体系建设中的独特要求。企业应充分考虑自身所处行业的特殊性和风险特征，将行业最佳实践、监管要求以及行业发展趋势巧妙融入内部控制体系的设计之中，使之既符合一般内部控制的原则，又具备鲜明的行业特色，从而为企业量身定制出一套既全面又高效的内部控制解决方案。

②重要性原则

行业差异化内部控制规范体系建设要遵循重要性原则，具体表现为关注重要业务事项和高风险领域、实施差异化控制策略、强化关键控制点的管理、定期评估和调整内部控制体系，以及加强内部沟通和协作等方面。这些措施共同构成了一个既全面又重点突出的内部控制体系，有助于企业有效防范风险、提高经营效率和效益。

重要性原则要求内部控制在全面控制的基础上，应格外关注重要业务事项和高风险领域。这意味着企业需要对自身的业务流程进行全面梳理，识别出那些对企业经营目标实现具有重大影响或潜在风险较高的业务环节，如金融行业的重大投资与资金调度、建筑业和制造业的采购销售与资产管理等。针对这些重要业务事项和高风险领域，企业应制定更为严格和细致的内部控制措施，确保这些环节得到有效监控和管理，从而防范可能对企业产生重大不利影响的风险事件。

由于不同行业、不同企业的业务特点和风险状况存在差异，因此，行业差异化内部控制规范体系建设在遵循重要性原则的同时，还需要实施差异化控制策略。这要求企业根据自身的业务特点和风险状况，对内部控制体系进行定制化设计。例如，在金融业中，由于信用风险、市场风险和操作风险较为突出，因此，应加强对这些风险的识别和评估，并制定相应的风险控制措施；而在制造业中，则可能需要更加关注生产安全、产品质量和供应链管理等方面的风险。

关键控制点是指那些如果发生错误或舞弊，可能会对企业造成重大损失或影响的业务环节。企业应对这些关键控制点进行重点监控和管理，确保其得到有效执行。例如，在财务管理中，资金支付的审批和复核流程就是关键控制点之一，企业应制定严格的审批和复核制度，确保每一笔资金支付都经过适当的授权和审核。

随着企业经营环境的变化和业务的发展，重要业务事项和高风险领域也可能会发生变化。因此，行业差异化内部控制规范体系建设在遵循重要性原则的同时，还需要定期评估和调整内部控制体系。企业应根据实际情况的变化，对内部控制体系进行重新审视和评估，及时发现并纠正存在的问题和不足，确保内部控制体系始终与企业的发展需求保持一致。

③制衡性原则

制衡性原则通过在不同部门、岗位之间建立相互制约、相互监督的机制，确保企业内部的权力得到合理分配和有效监督。这种制衡机制有助于防止权力滥用和内部舞弊，防范企业运营风险，促进企业内部协同合作，保障企业决策的科学性和合理性，从而维护企业的稳健运营。具体包含以下内容：

第一，一般内部控制规范的制衡性原则强调不同部门、岗位之间的权力制衡和监督，而创新行业差异化企业内部控制规范体系则更进一步，要求根据行业特点和企业实际，定制化设计制衡机制。例如，在金融业中，由于涉及大量的资金流动和交易，因此，需要加强对交易流程的监控和审批；而在制造业中，则需要关注生产过程中的质量控制和成本控制。通过定制化内部控制流程，可以更好地满足不同行业的特殊需求，提高内部控制的有效性和针对性。

第二，行业差异化企业内部控制规范体系更注重关键业务环节和高风险领域制衡力度。例如，在金融行业，针对信贷审批、资金交易等关键环节，可能需要实施更为严格的双人实质性复核、多级责任制审批等制衡措施，以降低潜在风险。

第三，建立跨部门、跨领域的协同制衡机制。在行业差异化企业内部控制规范体系建立过程中，跨部门、跨领域的协同制衡机制是确保内部控制有效实施和防范风险的关键，规范体系建设要根据行业特点和企业组织架构，明确岗位职责与权限，实现权责对等。在赋予各部门相应权限的同时，注重强调授权审批与监督制约并重，防止权力滥用和腐败现象的发生。

④适应性原则

内部控制体系不是静态的，而是需要随着企业内外部环境的变化而不断调整和完善的。企业应根据自身的实际情况和发展战略，灵活设计内部控制措施，确保内部控制的有效性和灵活性。

适应性原则强调内部控制规范体系应随企业内外部环境的变化而适时更新，在行业差异化背景下，不同行业、不同企业面临的风险和挑战各异，因此，内部控制规范体系需要具有高度的灵活性，能够根据实际情况进行调整和优化，使得内部控制规范体系更加贴近企业实际，提高其有效性和针对性。

行业差异化内部控制规范体系建设要兼顾结构化控制与非结构化控制并重。结构化控制是一种相对固定和标准化的内部控制方式，通常基于一系列预先设定好的规则、流程和程序，适用于那些业务流程相对稳定、风险点明确且可控的行业或企业。例如，在制造业中，生产流程往往比较固定，可以通过制定详细的操作规程、质量控制标准和安全生产规范等结构化控制措施，来确保生产过程的稳定性和产品质量的一致性。与结构化控制相比，非结构化控制更加灵活，适应性也更强，更适用于那些业务流程复杂多变、风险点难以预见的行业或企业。它通常基于管理人员的经验和判断，以及对特定业务场景和风险的深入理解。例如，在金融行业中，由于市场波动、政策变化等因素，风险点往往难以准确预测。此时，金融机构需要依靠管理人员的专业判断和灵活应变能力，通过非结构化控制方式来及时应对各种风险挑战。

⑤成本效益原则

企业在建立和实施内部控制体系时，必须权衡实施成本与预期效益。对于那些控制效果不显著或成本过高的控制措施，应予以优化或取消，以确保内部控制体系的整体经济性和效率性。同时，要确保关键业务和风险领域得到覆盖，以实现内部控制的有效性和效率。

针对不同行业制定差异化的内部控制规范，避免"一刀切"的监管方式带来的不必要成本。在规范体系中设计一定的灵活性条款，允许企业在遵循基本原则的前提下，根据自身实际情况进行适当的调整和优化，并通过监管、考评等方式予以确认。

要根据行业特点制定对应的成本效益分析框架，用于评估规范体系的制定和执行成本以及预期效益，尽可能对内部控制的成本和效益进行量化分析，包括直接成本（如人力、物力投入）、间接成本（如机会成本）以及预期效益（如风险降低、效率提升等）。

（2）具体实施步骤

①现状调研与需求分析

财政部、审计署等政府职能部门联合或委托企业内部控制标准委员会、行业协会、第三方社会机构等组织通过问卷调查、访谈、现场考察等方式，深入分析各行业的业务流程、风险点、管理需求等特性，识别出不同行业的内部控制现状信息，包括已建立的内部控制体系、存在的问题和不足等，以及行业内部控制特殊需求和挑战。

②框架搭建与要素确定

根据行业特性和企业需求，搭建行业差异化内部控制规范体系的整体框架。这包括确定内部控制的目标、原则、关键要素等，并根据行业特点进行差异化设计。

③制度制定与流程优化

根据内部控制规范体系的框架和要素，制定具体的行业差异化内部控制规范化体系的制度和流程。这些制度和流程在对现有的内控流程进行全面梳理和优化的同时，充分考虑行业特性和企业实际情况，消除冗余环节，提高业务处理效率，确保具有可操作性和实效性。

④实施与推广

组织行业企业内部相关人员参加内部控制规范体系的培训宣传活动，提高行业人士对行业差异化内部控制规范体系的认识和重视程度。同时，选择部分企业或业务单元进行试点实施，检验内部控制规范体系的有效性和可操作性，在试点实施取得成功的基础上，将内部控制规范体系全面推广到整个行业或企业范围内。

⑤监督与评估

建立健全行业差异化内部控制规范体系，对内部控制的实施情况进行定期检查和评估，根据评估结果和业务发展需求，对内部控制规范体系进行持续改进和优化，确保其始终适应行业特性和企业实际情况。

⑥借鉴与融合

充分发挥政府职能优势，积极借鉴国际先进经验和最佳实践，结合我国国情和行业特点进行本土化改造和创新。同时，鼓励行业内的企业相互交流、学习和合作，共同推动行业差异化内部控制规范体系的建设和完善。

2）统筹推进内部控制规范体系化建设

财政部、审计署等政府职能部门联合制定企业内部控制规范化体系时，需要考虑到上市公司、非上市国有企业、民营企业等不同主体的特点和需求，统筹推进行业差异化内部控制规范体系建设。

（1）分类指导与差异化设计

针对不同类型的企业主体，财政部、审计署等政府职能部门应采取分类指导与差异化设计的策略，示例如下：

①上市公司

上市公司作为资本市场的重要组成部分，其内部控制规范体系建设受到严格监管。政府应推动上市公司严格按照《中华人民共和国证券法》（以下简称《证券法》）《企业内部控制基本规范》及《企业内部控制配套指引》的要求，持续优化内部控制制度，加强内部控制评价和审计。鼓励上市公司高质量披露内部控制评价报告和财务报告内部控制审计报告，提高信息透明度，保护投资者合法权益。如沪深主板上市公司强制实施内部控制规范体系已十余年，在内部控制规范体系建设方面积累了丰富的经验，可为其他板块上市公司实施内部控制规范体系提供参照。在内部控制体系建设、内部控制评价、内部控制审计等方面，针对不同板块上市公司实施统一的监管政策要求，有利于保证信息披露质量的可比性和规范性。监管机构可结合不同板块内部控制基础情况，合理确定内部控制规范实施顺序和节奏，由主板上市公司逐步分批推广拓展至其他板块上市公司，最终实现上市公司内部控制规范体系建设全面覆盖，形成统一规范的内部控制监管要求，完善多层次资本市场内部控制规范体系，切实提升上市公司质量。

②非上市国有企业

非上市国有企业，作为国民经济体系中不可或缺的坚实支柱，承载着推动国家经济发展、维护社会稳定和促进就业等多重重任。鉴于其在国民经济中的关键地位，针对非上市国有企业所独有的特点，如资产规模庞大、业务范围广泛、管理链条较长等，政府应当与国有资产监管机构紧密合作，形成合力。通过深入调研和分析，结合国有企业的实际情况，共同制定出既符合国家政策导向，又适应国有企业发展需求的内部控制规范。这些规范应当涵盖财务管理、风险管理、内部审计、合规经营等多个方面，为国有企业提供全面、系统、可操作的指导，推动这些企业不断加强自身的内部控制规范体系建设，以期在提升企业治理水平、防范经营风险以及促进合规运营等方面发挥引领和表率作用。

在制定规范的同时，政府还应加强对非上市国有企业的指导和监督。通过组织培训、开展检查、建立评价机制等多种方式，推动国有企业将内部控制规范真正落到实处，确保其在日常运营中能够严格遵循规范要求，不断提升自身的治理水平和抗风险能力。此外，政府还应鼓励国有企业之间开展交流与合作，分享内部控制建设的成功经验和做法，共同推动整个国有经济体系的健康发展。

③民营企业

为了助力民营企业稳健发展，政府需积极鼓励并协助它们建立健全内部控制体系。这一体系是提升企业管理效能、防范经营风险、确保合规运营的重要基石。

鉴于民营企业普遍具有经营灵活、市场响应迅速但资源有限、管理基础不一等特点，政府应量身定制一系列服务措施，精准对接民营企业的实际需求。具体而言，政府可以依托专业机构或行业协会，为民营企业提供涵盖内部控制理论、实践操作、案例分析等多维度的培训课程，旨在提升其管理者及财务、审计等关键岗位人员的内部控制意识和专业能力。

同时，政府还应设立咨询服务平台，为民营企业提供一对一或小组式的咨询服务，帮助它们根据自身业务特点、发展阶段和风险偏好，设计并优化内部控制流程，解决在内部控制体系建设中遇到的具体问题。通过这些服务，政府旨在促进民营企业对内部控制规范的深入理解与有效实施，增强其自我规范、自我提升的能力。

在此基础上，政府应进一步推动建立行业差异化的内部控制规范体系。针对不同行业的特点和风险点，如制造业的供应链管理、互联网企业的数据安全、零售业的库存管理等，制定更具有针对性和可操作性的内部控制指导标准，引导民营企业在遵循统一框架的同时，结合自身实际情况进行适当调整和创新，从而形成既符合行业规范又体现企业特色的内部控制体系，为民营企业的持续健康发展奠定坚实基础。

（2）建立协同推进机制

政府在致力于推进行业差异化内部控制规范体系建设的过程中，应当深刻认识到这是一项系统工程，需要多部门、多领域的紧密配合与高效协同，因此，建立一套科学有效的协同推进机制显得尤为重要。这一机制的核心在于加强政府各部门之间的沟通与协作，确保政策制定、执行与监督的各个环节都能无缝衔接，形成强大的工作合力。

具体而言，财政部门作为资金管理和会计制度的制定者，证监部门作为资本市场监管的主体，审计部门作为国家经济监督的重要力量，三者之间应加强合作，共同承担起推进内部控制规范体系建设的重任。通过联合发文的形式，明确各部门在体系建设中的职责分工，统一思想认识，协同推进工作。同时，开展联合检查活动，对行业内企业的内部控制实施情况进行全面梳理和评估，及时发现并纠正存在的问题，确保规范体系的有效执行。

此外，政府还应充分发挥行业协会、第三方社会机构在行业自律、专业服务等方面的独特作用，鼓励行业协会、第三方社会机构积极参与内部控制规范体系的建设和推广工作，利用其深厚的行业知识和广泛的会员基础，为企业提供更加贴近实际、更具针对性的培训和咨询服务。行业协会可以组织专家团队，深入研究行业特点和风险点，制定符合行业特色的内部控制指导手册，引导企业建立健全内部控制体系，第三方社会机构协力而为，共同致力于提升行业整体的风险防范能力和管理水平。通过多方共同努力，形成政府引导、部门协同、行业协会和第三方社会机构参与、企业主体共同推进的良好格局，为构建高效、规范、安全的内部控制体系奠定坚实基础。

（3）强化监督与评估

政府在积极推动行业差异化内部控制规范体系建设的进程中，必须高度重视并切实强化监督与评估工作，以确保各项规范措施得以有效落实并持续优化。为此，政府应积极探索创新监督机制，运用现代信息技术手段，如大数据分析、云计算等，实现对行业内企业内部控制执行情况的实时监控和动态评估，提高监督的精准度和效率。政府应定期对行业差异化内部控制规范体系的实施效果进行评估，收集企业反馈意见，及时发现并解决存在的问题。通过持续跟踪，可以确保规范体系能够适应市场变化和行业发展，保持其有效性和先进性。

同时，加强信息公开是提升监督效能的关键一环。政府应建立健全信息公开制度，要求企业定期公布其内部控制建设及执行情况，包括风险评估、控制措施、审计结果等信息，接受社会公众和利益相关方的监督，形成公开透明、多方参与的监督格局。

此外，实施奖惩措施是激励与约束并重的有效手段。政府应明确设立内部控制建设的考核标准，对表现优异、内部控制体系健全且执行有力的企业给予表彰奖励，如税收优惠、资金补助、项目支持等，以此激发企业的积极性和创造力。而对于内部控制缺失、违规操作频发的企业，则应依法依规采取警告、罚款、市场禁入等惩罚措施，强化震慑作用，维护市场秩序和公共利益。

3）充分发挥内部控制报告的促进作用

在建设行业差异化内部控制规范体系的过程中，做好内部控制报告工作显得尤为重要，它不仅是衡量企业内部控制有效性的重要依据，也是提升企业透明度和信誉度的关键环节。内部控制报告工作主要涵盖内部控制披露、内部控制评价，以及内部控制审计三大方面，以下是对这三方面的详细分析与阐述。

（1）内部控制信息披露

内部控制信息披露是内部控制报告工作的基础，其核心在于全面、准确、及时地向内外部信息使用者展示企业内部控制的设计与运行情况。在行业差异化内部控制规范体系建设的背景下，财政部等政府部门应参照《证券法》信息披露的要求，做好对除上市公司以外的市场主体的内部控制信息披露。这不仅是企业自身提升管理水平的需要，也是政府加强监管、优化政策制定与指导的重要依据。

一是明确披露目标与原则。企业应明确内部控制信息披露的目标，即通过公开透明地展示内部控制体系的设计、运行情况及成效，增强内外部利益相关者的信任，促进企业的合规经营与持续发展。同时，应遵循真实性、完整性、及时性和可比性等原则，确保披露信息的准确无误，避免误导性陈述，保障信息使用者的合法权益。

二是构建完善的披露框架与内容。针对行业差异化特点，企业应构建一套既符合通用要求又体现行业特色的内部控制信息披露框架。该框架应涵盖内部控制的五要素（控制环境、风险评估、控制活动、信息与沟通、监督），并结合行业特性，突出关键控制领域和风险点的披露。内容方面，应包括内部控制制度的建立与执行情况、关键控制点的设计与执行效果、风险评估方法及结果、重要控制活动的描述、信息与沟通机制的有效性、内部监督与自我评价的发现及改进措施等。

三是强化信息披露的规范性与透明度。政府相关职能部门应制定或完善相关法规、指引，明确内部控制信息披露的具体要求，包括披露格式、时间节点、信息质量标准等，以增强披露的规范性和可比性。同时，鼓励企业采用电子化披露方式，利用官方网站、证券交易所指定平台等渠道，提高信息披露的便捷性和广泛可达性，确保所有利益相关者能够平等、及时地获取相关信息。

四是加强互动沟通与监督激励。政府应建立常态化的政企沟通机制，定期收集企业对于内部控制信息披露的反馈意见，了解企业在实施过程中的困难与挑战，及时调整政策导向，提供必要的指导与支持。同时，通过举办研讨会、培训班等活动，增强企业对内部控制重要性的认识，提升其信息披露能力和水平。政府应加强对企业内部控制信息披露的监督，通过定期审查、专项检查等方式，确保披露信息的真实性和完整性。对于违规披露或隐瞒重要信息的企业，应依法依规进行处罚，维护市场秩序和公共利益。同时，建立正向激励机制，对内部控制建设成效显著、披露质量高的企业给予表彰或政策优惠，激发企业的积极性和创造性。

五是推动行业交流与标准制定。政府应鼓励行业协会、专业机构等组织行业内的交流与学习，分享内部控制建设的最佳实践，促进经验互鉴。同时，支持行业协会参与内部控制相关标准的制定与修订，推动形成既符合国际趋势又适应我国国情的行业标准体系，为企业的内部控制披露提供统一、清晰的指引。

（2）内部控制评价

内部控制评价是对企业内部控制体系进行全面、系统、客观评估的过程，旨在发现内部控制存在的缺陷与不足，并提出改进建议。在行业差异化内部控制规范体系建设的过程中，政府部门扮演着至关重要的角色，特别是在推动与监督企业内部控制评价工作方面，其效能直接影响到企业内部控制水平的提升及整体运营风险的降低。

一是建立差异化评价体系框架。鉴于不同行业特有的业务性质、风险特征及监管要求，政府部门应首先深入分析各行业的特点，识别关键控制点，确保评价体系既能反映通用控制原则，又能针对行业特性提供具体指导，从而增强评价的针对性和适用性。

二是强化法规政策引导。通过出台相关政策、指南和最佳实践案例，政府部门需明确企业内部控制评价的目标、原则、方法和程序，为企业开展自我评价提供清晰的路径。同时，鼓励企业根据自身情况，在遵循基本规范的基础上，创新内部控制机制，实现个性化管理。

三是细化财报与非财务内部控制缺陷分类和缺陷等级认定标准。基于企业业务特性、行业规范及监管要求，对财报内部控制缺陷（如收入确认、资产计价、成本控制等）与非财务内部控制缺陷（如人力资源政策、信息技术安全、合规管理等）进行详尽分类，每一类别下应进一步细分具体缺陷类型，确保覆盖全面，无遗漏。再依据缺陷对企业财务报告准确性、资产安全、运营效率及合规性的影响程度，建立缺陷等级评价体系，通常可分为轻微、一般、重要及重大四个等级。重大缺陷应特别关注，因其可能导致重大错报、资产损失或违反法律法规。

（3）内部控制审计

在行业差异化内部控制规范体系建设的背景下，政府部门扮演着至关重要的角色，特别是在指导和监督企业内部控制审计工作的过程中，其作用直接关系到企业内部控制水平的整体提升和风险管理能力的加强。以下是对政府部门如何在这一关键环节中发挥积极作用，以促进企业内部控制水平提高的详细分析与建议：

一是制定差异化审计指导框架。政府部门应首先根据各行业的特性、风险分布以及监管需求，制定差异化的内部控制审计指导框架。这一框架应明确审计的目标、原则、范围和方法，同时，考虑行业特有的风险因素和控制要点，以确保审计工作的有针对性和有效性。

二是强化审计标准与规范。在差异化审计指导框架的基础上，政府部门应进一步细化审计标准和规范，包括审计程序、审计证据的要求、审计报告的格式和内容等。这些标准和规范应既具有统一性，又能够灵活适应不同行业的特点，为审计人员提供清晰的操作指南。在内部控制审计报告中增加"关键审计事项"段描述，对实施内部控制审计业务过程中重要事项进行说明，以提高内部控制审计报告的信息含量和透明度。

三是加强审计监督与检查。政府部门应加强对企业内部控制审计工作的监督和检查，通过定期或不定期的审计项目、专项检查等方式，评估企业内部控制的健全性和有效性。同时，应建立健全审计结果反馈机制，及时将审计发现的问题和建议通报给企业，并督促其进行整改。

四是提升审计人员的专业素养。政府部门应重视审计人员的专业素养提升，通过组织培训、研讨会、交流会等活动，加强审计人员对内部控制理论、审计技术和方法的学习和理解。同时，应鼓励审计人员深入企业实践，了解企业的业务流程和控制环境，提高其发现问题和解决问题的能力。

五是推动信息化建设与审计创新。政府部门应积极推动企业内部控制审计的信息化建设，鼓励企业利用现代信息技术手段提高审计效率和准确性。例如，可以推广使用审计软件、建立审计数据库、实现审计信息的共享和协同等。同时，应鼓励审计人员创新审计方法和技术，以适应不断变化的市场环境和企业需求。

六是建立健全激励与约束机制。政府部门应建立健全激励与约束机制，对在内部控制审计工作中表现突出的企业和审计人员给予表彰和奖励，以激发其积极性和创造性。同时，对存在严重内部控制缺陷或审计问题，整改不力的企业，应依法依规采取相应措施，促使其加强内部控制建设。

5.1.2 强化监督力度，提升内部控制监管威慑力

在深入探讨如何进一步加大监督力度，并借此提升内部控制监管的威慑力时，我们需从多个维度出发，构建一个全方位、多层次的监督与监管体系。以下是对此详细的分析与策略建议：

1）明确监督目标与责任体系

（1）明确监督目标的设定

监督目标的设定应与企业整体战略目标紧密相连，确保内部控制监督工作能够支持并促进企业战略目标的实现。这要求管理层深入理解企业战略目标，并将其转化为具体、可衡量的内部控制监督目标。

以风险为导向，基于企业面临的内外部风险，识别关键风险领域，设定有针对性的监督目标，确保监督目标涵盖所有适用的法律法规、行业标准和内部政策要求，将有限的监督资源聚焦于高风险区域，提高监督的效率和效果。

（2）构建责任体系的策略

一是层级分明。建立从高层管理者到基层员工的层级分明的责任体系。如严格执行权责对等原则，高层管理者负责设定监督方向、分配资源，并对监督结果负责；中层管理者负责具体执行监督计划，协调部门间合作；基层员工则需在日常工作中遵循内部控制要求，配合监督工作。

二是角色清晰。明确各行业职能部门和岗位在内部控制监督中的具体职责和角色。例如，内部审计部门负责独立开展审计活动，评估内部控制的有效性；财务部门负责确保财务信息的准确性和完整性；业务部

门则需配合监督，提供必要的信息和支持。

三是问责机制。建立严格的问责机制，对未能达到监督目标或违反内部控制规定的行为进行责任追究。这包括明确责任主体、设定问责标准、制定处罚措施，并确保问责过程的透明和公正。

四是激励与约束并重。在责任体系中融入激励与约束机制，对在内部控制监督中表现突出的个人和团队给予奖励，同时，对违反规定的行为进行处罚。这有助于激发员工的积极性和责任感，形成正向的内部控制文化。

五是持续沟通与反馈。建立有效的沟通渠道和反馈机制，确保监督目标与责任体系的信息能够在企业内部及时传递和共享。这包括定期召开监督会议、发布监督报告、建立意见箱等方式，以促进信息的流通和问题的及时解决。

2）优化监督流程与方法

针对内部控制的关键环节和高风险领域，应设计科学合理的监督流程，政府部门，如财政部、审计署、银保监会等要采用先进的监督技术和方法，如数据分析、风险评估、穿行测试等，以提高监督的精准度和效率。同时，应保持监督的灵活性和动态性，根据企业内外部环境的变化及时调整监督策略。

（1）优化监督流程的策略

一是标准化与统一化。政府部门应推动联合制定企业内部控制监督的标准化流程和规范，明确监督的范围、内容、方法和程序，确保监督工作的一致性和可比性，减少监督过程中的主观性和随意性，提高监督的公正性和效率。

二是风险导向的监督。鼓励企业采用风险导向的内部控制监督方法，即根据企业面临的风险大小和性质，确定监督的重点和频率。政府部门可以提供风险评估的指导和工具，帮助企业更准确地识别和控制风险。

三是动态调整与持续改进。政府部门应建立灵活的监督机制，根据企业内部控制体系的变化和外部环境的变化，及时调整监督策略和方法。同时，鼓励企业持续改进内部控制体系，提高监督的针对性和有效性。

（2）创新监督方法的探索

一是利用信息技术手段。政府部门应积极推动企业内部控制监督的信息化建设，利用大数据、云计算、人工智能等现代信息技术手段，提高监督的智能化和自动化水平，实现监督数据的实时采集、分析和预警，提高监督的效率和准确性。

二是引入第三方评估。政府部门可以鼓励或要求企业引入第三方机构进行内部控制体系的评估和审计，以提供独立、客观的评价意见，增强监督的公信力和权威性，促进企业内部控制体系的不断完善。

三是建立激励与约束机制。政府部门可以通过设立奖励基金、提供税收优惠等方式，激励企业加强内部控制体系建设；同时，对违反内部控制规定的企业进行处罚和问责，形成有效的威慑力，着力构建正向的内部控制文化，提高企业的自我约束能力。

3）协同监管与对外协作

财政部、审计署、国家金融监督管理总局等政府相关部门在推动全国内部控制规范化体系建立的过程中，扮演着至关重要的角色，其工作的核心在于强化外部监管与促进多方协作，形成监管合力，以确保这一体系的全面、有效实施。

（1）构建协同监管框架

一是明确监管职责与分工。财政部、审计署、国家金融监督管理总局等政府相关部门需明确各自在内部控制监管中的职责范围与分工，确保监管工作的全面覆盖与高效执行。财政部负责制定内部控制相关政策与标准，审计署负责审计监督与评价，国家金融监督管理总局则侧重于金融机构内部控制的监管，相辅相成，形成监管合力。

二是建立联合监管机制。通过签署跨部门合作协议，建立联合监管机制，实现信息共享、线索移送、联合检查与执法。如定期召开联席会议，协调解决监管中的重大问题，确保监管政策的一致性与执行力。如针对企业内部控制监管中的重点、难点问题，可组建由各部门专家组成的联合工作小组，共同研究制定监管政策、开展专项检查、分享监管经验，形成监管合力。

（2）深化监管合作与创新

一是开展联合监管行动。针对跨行业、跨领域的企业内部控制问题，财政部、审计署、国家金融监督管理总局部门可联合开展监管行动，通过联合检查、联合审计等"走出去"的方式，提高监管的覆盖面和深度。

二是推动监管技术创新。鼓励各部门在监管工作中运用新技术、新方法，如大数据分析、人工智能等，提升监管的智能化、精准化水平，为企业内部控制监管提供有力支撑。

（3）加强国际合作与交流，提升监管水平

政府相关职能部门应积极参与国际内部控制监管的合作与交流，学习借鉴国际先进经验和做法。通过与国际组织、外国政府及专业机构建立合作关系，共同应对跨国企业内部控制监管的挑战和问题。同时，政府还可以推动我国企业参与国际内部控制标准的制定和修订工作，提升我国企业内部控制水平，进而增强在国际市场上的竞争力和影响力。

4）强化内部控制专项监督检查力度

强化内部控制专项检查力度是企业强化内部管理、防范风险的重要举措，旨在通过系统性、有针对性的检查评估，确保内部控制体系的有效运行与持续优化。

一是要严格遵循《财政部 证监会关于进一步提升上市公司财务报告内部控制有效性的通知》中的各项要求，将提升信息披露质量作为核心切入点，重点聚焦于资金活动、收入确认、成本费用管控、投资活动管理、关联交易审查、重大风险业务及风险事件的应对，以及财务报告编制的准确性与合规性，构建问题线索的常态化抽查机制，并设立针对重大及重要缺陷的整改台账制度，确保一旦发现任何问题线索，能够迅速响应并推动问题的有效整改，并将该通知逐步应用于非上市公司范畴，提升我国企业内部控制整体水平。

二是要强化对内部控制审计执业质量的监督检查，特别是在发现上市公司内部控制审计意见与其内部控制评价结论、财务报表审计意见及外部监管发现存在显著不一致时，应及时采取行动，必要时向上市公司发出问询函，深入探究不一致的根源。同时，中国注册会计师协会应主动作为,对出具不一致审计意见的会计师事务所进行约谈,明确指出其面临的审计风险,并敦促注册会计师不断提升自身的专业能力和执业水平。

三是要对会计师事务所提供的审计服务实施全过程、全方位的监督与评价,建立健全信息公示机制,对审计质量不佳的,采取相应的惩戒措施。通过政府、行业及公众的多重监督力量,形成强大的外部压力,迫使会计师事务所不断提升其审计质量。

四是要着力构建包含行政执法、民事追偿和刑事惩戒在内的三维立体式追责体系,并建立健全内部控制责任回溯机制,对财务造假、欺诈发行等恶性违法行为实施严厉打击,同时,对于造成投资者重大损失的重大环境责任事件、重大社会责任事件等行为,也要严肃查处,对上市公司及其相关责任主体给予严厉的处分,以儆效尤。

5.1.3　深入开展内部控制理论研究与成果应用

在实施企业内部控制规范化体系建设这一宏伟蓝图的过程中,深入探讨与推进内部控制理论研究,并将其研究成果有效转化为实际应用,是确保体系建设既具前瞻性又具实操性的关键环节。

1) 明确宏观研究视角的定位与意义

(1) 战略高度引领。财政部、审计署等部门需站在国家经济安全、财政稳定及公共资源配置有效率的战略高度,审视内部控制在保障政府及企业运营安全、提升治理效能中的关键作用,从而明确宏观研究的方向与重点。

(2) 系统性思维。宏观视角下的内部控制理论研究,要求跨越单一机构或行业的界限,将内部控制视为一个复杂系统,分析其与宏观经济政策、市场环境、法律法规等因素的相互作用,以及在不同领域、层级间的传导机制。

(3) 前瞻性布局。通过宏观研究,预测未来内部控制领域的发展趋势,如数字化转型、智能化应用等,为制定前瞻性的政策、标准和指导原则提供依据,确保内部控制体系能够适应不断变化的内外部环境。

2）宏观视角下的内部控制理论研究深入

（1）战略导向。将内部控制理论研究置于企业发展的战略高度，明确其作为支撑企业战略目标实现的关键要素。通过深入研究，构建与企业长期发展规划相契合的内部控制框架，确保体系建设方向与企业战略方向保持一致。

（2）系统整合。从宏观层面出发，将内部控制理论研究与企业现有的管理体系、业务流程、信息系统等进行全面整合，形成一体化的内部控制体系。这要求研究者具备跨领域的知识背景，能够综合运用管理学、经济学、信息技术等多学科知识，进行系统性、综合性的研究。

（3）风险导向。在宏观视角下，内部控制理论研究应更加注重风险管理的理念和方法。通过深入研究企业面临的内外部风险，识别关键风险点，并设计相应的内部控制措施，以有效防范和应对风险，保障企业的稳健发展。

3）宏观视角下开展内部控制理论研究的策略

（1）构建理论研究框架。基于国内外先进理论与实践经验，结合我国国情，构建一套涵盖内部控制基础理论、应用实践、评价体系及持续改进机制等在内的宏观理论研究框架，为深入研究提供指导。如规范化研究风险管理与内部控制之间的关系，以更好地指导风险管理视域下企业内部控制相关实践操作，增强内部控制质效。

（2）跨学科融合。针对经济学、管理学、法学、信息技术等多学科的特点，需要构建一套系统的跨学科知识体系，深入挖掘各学科中与风险管理与内部控制相关的理论、方法和实践经验，通过对比分析、综合归纳，形成一套跨学科的知识框架。这一框架应能够体现各学科在风险管理与内部控制领域的独特贡献，同时，揭示它们之间的内在联系和互补性。在跨学科知识融合的基础上，应进一步深化对风险管理与内部控制本质、功能、机制及效果的理解。这要求研究者运用多学科的理论与方法，对风险管理与内部控制的各个环节进行细致入微的分析。例如，可以借鉴经济学的风险评估模型、管理学的内部控制流程设计、法学的合规性要求以及信息技术的数据处理能力，共同构建一个全面、高效的风险管理与内部控制体系。

（3）案例分析与实证研究。政府相关职能部门组织开展案例现场调研工作，与项目负责人、企业管理人员及相关利益方进行面对面的交流和访谈，了解他们的决策过程、实施策略及遇到的问题和困难。同时，注意观察项目的实际运作情况，收集相关的文档和数据，运用先进的统计方法和分析工具，对收集到的数据进行深入的挖掘和处理。在深入分析案例的基础上，总结提炼出具有普遍意义的经验和教训，形成可操作的建议和策略。这些规律和策略不仅应能够指导类似项目的实施和管理，还应能够为理论创新提供新的思路和视角。最后，将研究成果及时应用于实践中，通过实践来检验和完善理论研究和策略应用，推动理论与实践的良性循环。

（4）国际合作与交流。积极参与国际内部控制领域的交流与合作，引进国外先进理念和技术，同时，分享我国内部控制理论研究与实践成果，提升我国在国际内部控制领域的影响力和话语权。

（5）政策研究与建议。基于理论研究成果，为国务院提出关于完善内部控制法律法规、优化政策环境、加强监管与指导等方面的建议提供依据，推动内部控制体系建设的制度化、规范化。

4）成果推广应用策略

（1）政策引导。财政部、审计署、银保监会等政府部门出台相关政策，鼓励企业加强内部控制体系建设，并对积极应用内部控制研究成果的企业给予政策扶持和奖励，通过政策引导，形成企业内部控制建设的良好氛围。

（2）行业示范。在行业层面，选取具有代表性的企业作为示范点，将内部控制研究成果应用于其实际运营中，并展示其成效，通过行业示范，激发更多企业学习和应用内部控制研究成果的积极性。

（3）跨界合作。鼓励企业、高校、研究机构等跨界合作，共同推动内部控制研究成果的转化和应用。通过跨界合作，可以汇聚各方资源，形成研究、实践、推广的良性循环。

（4）培训教育。组织相关部门采用多样化的教学手段，如专家讲座、小组讨论、案例分析、模拟演练等开展内部控制相关理论研究成果与实践应用技能培训知识的培训和教育，提高内部控制相关各层级单位、人员的内部控制意识和能力，促进知识的交流与共享，增强各部门在内部控制工作中的协同效应。

培训内容将紧密围绕内部控制的最新理论研究成果，涵盖内部控制的基本概念、框架体系、风险评估方法、控制活动设计、信息与沟通机制，以及监督与评价等多个维度，并深入剖析国内外成功企业的内部控制实践案例，提炼出可借鉴的经验与教训，为参训人员提供实战指导。

（5）持续改进。完善的理论研究与应用体系应包含高效、系统的反馈收集与处理机制，确保每一条意见都能被及时捕捉、记录，并经过严谨的分析与评估。这不仅包括对研究成果本身内容的审视，如理论的严谨性、方法的可行性等，也应涵盖其在实践应用中的适配性、操作便捷度，以及实际成效等方面的考量。基于收集到的反馈，主管机构应定期组织专家团队进行深入的研讨与复盘，对内部控制研究成果进行持续的改进和优化。这种改进不仅是对现有成果的修补与完善，更可能是在新视角、新需求的启发下，实现理论框架的革新或实践策略的重构，确保研究成果始终紧跟时代步伐，保持其适用性与先进性，更好地契合企业不断发展变化的需求。

5.2 中观层面

在探索企业内部控制质量优化与提升的主体领域中，中观层面的各类机构，如行业协会、第三方社会机构以及专家咨询机构等，都扮演着不可或缺且至关重要的角色，它们以独特的视角、专业的知识和丰富的经验，为企业内部控制体系的完善与强化提供了强有力的支持与引导。

5.2.1 行业协会

行业协会，作为连接企业与政府、企业与企业之间的桥梁，不仅深谙行业发展的内在规律与趋势，而且掌握着大量关于企业内部控制的实践案例与成功经验，是企业内部控制体系构建与优化的重要保障。

1）加强与政府相关部门的沟通与合作，建立常态化的工作机制

行业协会密切关注国际内部控制领域的最新动态，及时捕捉政策导

向与行业趋势，确保在制定相关政策法规时能够准确反映行业特色与实际需求，如行业协会通过积极参与财政、审计等政府相关部门组织的座谈会、研讨会等活动，可以为企业内部控制相关政策法规的制定提供宝贵的行业见解与实践经验，从而确保政策内容的科学性与针对性。

行业协会要定期向政府部门提交行业内部控制状况报告，反映行业内部控制存在的问题与挑战，以及提出改进建议。同时，行业协会还可以邀请政府部门专家参与行业内部控制研讨会，共同探讨政策制定中的难点与疑点，从而确保政策法规的可行性与可操作性。

2）充分发挥政府与企业间的桥梁作用

行业协会应积极搭建企业与政府沟通的桥梁，为企业提供一个直接参与政策法规制定的平台。这包括定期组织企业与政府相关部门的对话会、座谈会，让企业能够直接向政府部门反映内部控制的实际需求与问题，同时也让政府部门能够更准确地了解企业的诉求与困境。这样的沟通机制可以确保政策法规的制定更加贴近企业实际，从而更具针对性和可操作性。

行业协会应加强政策宣传与解读，提高企业参与政策法规制定的积极性与主动性。这包括定期举办政策法规培训班、研讨会，邀请政府专家、学者为企业解读最新政策法规，帮助企业准确理解政策要求与精神实质。同时，通过行业协会的官方渠道，如网站、公众号等，及时发布政策法规动态，让企业能够第一时间获取相关信息，从而为参与政策制定做好准备。

3）积极推动政策法规的宣贯与实施

行业协会应制订详细的宣贯计划，充分发挥其组织优势，迅速响应并广泛传播新出台的政策法规。这包括分阶段、分层次地组织专家团队对最新企业内部控制政策法规进行深入研究与解读，以确保准确理解其精神实质与具体要求。行业协会通过行业会议、研讨会、在线课程等多种形式，针对不同规模、不同类型的企业，提供定制化的政策法规培训与咨询服务。这通过精准的宣贯策略，帮助企业在最短时间内掌握政策法规要求，为内部控制水平的提升奠定坚实基础。

为了推动政策法规的有效实施，行业协会还应建立实施监督机制，对会员企业的执行情况进行定期跟踪与评估。这包括制定具体的实施指南与操作手册，为企业提供实操性的指导与支持；同时，通过定期调研、问卷调查等方式，收集企业在实施过程中遇到的问题与困难，及时向政府部门反馈，并寻求解决方案。

此外，行业协会还可以发挥典范引领作用，通过树立行业标杆与示范企业，展示政策法规在提升内部控制水平方面的实际成效。这包括组织行业内的优秀企业分享内部控制实践经验，展示政策法规在企业中的应用成果，激励更多企业积极跟进，形成行业内的良性竞争与共同进步。

4）内部控制业务指导

对企业进行内部控制指导是行业协会服务企业的核心内容，其在指导企业开展内部控制活动，进而提升企业内部控制质量和水平方面，发挥着不可或缺的引领作用。因此，行业协会应该构建完善的内部控制指导体系，包含明确内部控制目标与范围、搭建内部控制框架、制定内部控制标准与流程，以及组织专业的培训与研讨等内容，对行业范围内企业内部控制进行指导工作。

（1）明确内部控制的目标和范围

内部控制的目标是保障企业财务报告的可靠性和有效性，防范各类风险，包括法律风险、经济风险和管理风险。内部控制的范围应覆盖企业的各个方面，包括财务管理、人力资源管理、信息技术管理等，以确保内部控制的有效性和全面性。

（2）搭建内部控制框架

基于四层分法（行业划分、企业阶段划分、企业类型划分、专业分类）来搭建内部控制框架，具体包括：

行业划分：根据企业所属行业的特点，如传统制造类、化工类、金融投资类等，制定相应的内部控制指导原则。

企业阶段划分：针对企业所处的不同发展阶段（培育期、成长期、成熟期、衰退期），提供针对性的内部控制建议。

企业类型划分：根据企业类型（多元化集团、专业化集团、单体企业、分支机构），设计适合的内部控制体系。

专业分类：将内部控制分为公司层面、业务层面和信息层面，明确各层面的控制要点和流程。

（3）制定内部控制标准和流程

在明确内部控制框架的基础上，行业协会应制定具体的内部控制标准和流程，具体包括：

公司层面：涵盖组织架构、人力资源、社会责任、企业文化等方面的控制。

业务层面：涉及战略、人力资源、资金、采购、资产、销售、研发、工程、担保、业务外包、财务报告、全面预算、合同管理等多个业务环节的控制。

信息层面：关注内部信息传递和信息系统的安全性与有效性。

（4）组织专业的培训与研讨

行业协会应定期组织培训活动，定期邀请内部控制领域的专家学者、资深从业者，为企业的中高层管理人员、财务及内审人员等关键岗位人员提供面对面的培训与指导。培训内容应涵盖内部控制的基本理论、风险评估方法、内部控制体系构建技巧等，在传授理论知识的同时，更要注重实战演练和案例分析，帮助企业人员掌握内部控制的实际操作技能，提升其在复杂商业环境中的应变能力。其中，为了增强指导的针对性和实效性，行业协会还应开展一对一的咨询服务，针对会员企业的具体需求，提供个性化的内部控制解决方案。通过现场诊断、远程咨询、在线问答等多种方式，帮助企业识别内部控制中的薄弱环节和风险点，提出改进建议，并协助企业实施改进措施，从而确保内部控制体系的有效运行。

行业协会通过建立内部控制交流平台，鼓励会员企业之间通过线上社群、论坛、研讨会等形式分享内部控制经验和教训，促进知识共享与经验交流，激发创新思维，共同探索提升内部控制质量的新路径。

5）加强行业协会间横向交流与协作

行业协会应主动构建跨行业的交流平台，为不同行业间的内部控制经验分享与协作提供坚实的基础。这一平台可以定期举办内部控制交流会、研讨会或论坛，邀请来自各行各业的专家、学者及企业代表共聚一堂，就内部控制的理论研究、实践探索、面临的挑战与解决方案等议题进行深入探讨。此类活动不仅可以增进各行业间的相互了解，还能激发创新思维，共同探索提升内部控制水平的新路径。

行业协会应推动建立行业间内部控制合作机制，以实现资源共享、优势互补。这包括共同研发内部控制工具、制定跨行业适用的内部控制标准与指南，以及开展联合培训项目等。通过合作，各行业协会可以结合自身行业特点，贡献专业力量，共同解决内部控制领域的共性难题，从而提升整个社会的内部控制水平。

为了加强横向交流与协作的实效性，行业协会还应注重信息交流与案例分享。可以建立线上信息共享平台，定期发布各行业内部控制的优秀案例、最新研究成果与政策法规动态，为会员单位提供便捷的信息获取渠道。同时，鼓励会员单位积极贡献自身经验，形成良性循环，以促进内部控制知识的广泛传播与应用。

5.2.2 会计师事务所

会计师事务所以其独立的身份、专业的技能以及严谨的态度，在企业内部控制质量评估与改进中发挥着至关重要的作用。它们能够对企业内部控制体系进行全方位、深层次的审计与评估，精准识别潜在的风险点与薄弱环节，并提出具有针对性的改进建议与解决方案。这种外部监督与评估机制的存在，不仅提升了企业内部控制的透明度与可信度，而且促使企业不断完善内部控制体系，提升风险管理能力。

1) 紧跟内部控制发展趋势与政策需要

（1）会计师事务所需深入剖析政府对于企业内部控制的最新要求和政策导向，这包括对国家法律法规、监管政策的细致研究，以及对地方政府具体实施细则的精准把握。通过组织专题研讨会、政策解读会等形式，会计师事务所将政府的要求和期望清晰、准确地传达给企业，以确保企业在构建和完善内部控制体系时，能够充分遵循政策导向，降低合规风险。

（2）会计师事务所充分发挥其专业优势与行业经验，积极投身于政府关于企业内部控制的调研活动中，通过提供翔实的数据分析、案例研究及专业见解，为政府相关部门制定更加科学、合理且具有前瞻性的内部控制法规政策贡献智慧与力量。会计师事务所专业化内容供给与实践分析，助力政府部门深入分析当前企业内部控制的现状与挑战，积极预测未来发展趋势，以确保所提出的建议既符合国际最佳实践，又能有效应对国内企业的实际需求，从而促进企业内部控制体系的不断完善与优化，为构建健康、稳定的市场经济环境奠定坚实基础。

（3）紧密跟踪经济政策的动态变化，是会计师事务所助力企业内部控制优化的另一重要方面。经济政策的变化往往直接影响企业的经营策略和风险控制。会计师事务所需对经济政策进行深入研究，分析其对企业内部控制的潜在影响，并为企业提供前瞻性的建议，通过制订灵活的内部控制调整方案，帮助企业快速适应经济政策的变化，从而保持内部控制的有效性和先进性。

（4）把握行业发展需要，是会计师事务所提升企业内部控制水平的又一关键举措。不同行业在内部控制方面存在显著差异，且随着行业的发展，内部控制的需求也在不断演变。会计师事务所需深入了解企业所处行业的特点和发展趋势，结合行业最佳实践，为企业量身定制内部控制解决方案，通过引入行业先进的内部控制理念和方法，帮助企业提升内部管理效率，从而增强市场竞争力。

2）开展深度内部控制诊断与咨询服务

会计师事务所在为企业提供专业咨询与评估服务时，要根据行业差异，从风险识别与评估、内部控制体系设计、流程优化建议三个方面着手，以提高不同行业企业的风险管理与内部控制水平。

（1）风险识别与评估

一是行业特性风险识别。会计师事务所会深入研究不同行业的特性，识别出该行业特有的风险点。例如，对于科技型企业，会特别关注研发费用的资本化、知识产权的保护以及技术创新的风险；对于金融行业，则会重点关注市场风险、信用风险及操作风险等。因不同行业受到政策环境的影响程度不同，会计师事务所会分析政策变化对企业可能带来的风险。例如，环保政策的收紧可能对制造业企业的环保合规提出更高要求，从而增加其合规风险。

二是定制化风险评估模型。基于行业特性，会计师事务所会为企业建立定制化的风险评估模型。该模型将结合企业的业务规模、复杂程度、市场环境等因素，综合评估企业面临的各种风险。同时，引入专家评价法、问卷调查等手段，收集相关数据，对风险进行量化分析，确定风险发生的概率和影响程度，为后续的内部控制体系设计和流程优化提供依据。

（2）内部控制体系设计

一是行业合规性要求融入。在设计内部控制体系时，会计师事务所会充分考虑不同行业的合规性要求。例如，对于医药行业，会确保企业的内部控制体系符合 GMP（良好生产规范）的要求；对于金融行业，则会确保企业的内部控制体系符合巴塞尔协议等国际标准。同时，会计师事务所会根据风险评估结果，将合规性内化于企业关键控制点的内部控制措施。这些关键控制点可能因行业差异而有所不同，例如，对于制造业，可能包括原材料采购、生产成本控制等；对于服务业，可能包括客户服务质量、信息安全等。

二是流程梳理与再造。会计师事务所会帮助企业梳理现有的内部控制流程，识别出其中的冗余和低效环节，进行流程再造和优化，提高内部控制的效率和效果，降低企业的运营成本。为确保内部控制体系的有效运行，会计师事务所也要帮助企业建立相应的监督机制，包括内部审计、风险评估、内部控制测试等环节，以确保内部控制体系能够持续有效地发挥作用。

（3）流程优化建议

一是行业最佳实践借鉴。会计师事务所会关注不同行业的最佳实践，结合企业的实际情况，提出流程优化建议。例如，对于零售业，可以借鉴先进的库存管理和供应链管理经验；对于制造业，则可以借鉴精益生产和六西格玛等管理方法。

二是技术创新应用。随着信息技术的发展，会计师事务所会鼓励企业利用大数据、云计算、人工智能等先进技术和 ERP 系统、风险管理系统等软件进行内部控制流程优化，对企业的业务数据进行实时分析和挖掘，提高内部控制的自动化和智能化水平。例如，通过引入自动化生产设备，提高生产效率和产品质量。

三是持续改进与优化。为确保流程优化建议的有效实施，会计师事务所会帮助企业建立相应的反馈机制，具体包括收集员工对流程优化的意见和建议、监测流程优化后的效果等，以便及时调整和优化流程。

四是定期培训与指导。会计师事务所会为企业提供定期的培训与指导服务，帮助企业员工理解并掌握新的流程和方法，提高员工的操作技能和风险意识，从而确保流程优化建议的顺利实施。

3）苦练内功，加强与客户的沟通合作

会计师事务所通过专业人才培养、质量管理体系建立、加强与客户的沟通合作等方式，可以助力企业提升内部控制水平。这些措施不仅有助于会计师事务所提高自身的服务质量和竞争力，而且能够为企业创造更大的价值。

（1）专业人才培养

会计师事务所要重视人才的引进，特别是那些具备丰富经验和专业知识的人才，如招聘具有行业背景、专业技能和良好职业道德的注册会计师，为企业的内部控制咨询提供坚实的人才基础。要建立完善的培训体系，定期对员工进行内部控制、风险管理、审计技能等方面的培训，通过内部培训，提升员工的专业素质和实操能力，确保他们能够更好地为企业提供咨询服务。要鼓励持续学习，支持员工参加行业研讨会、专业认证考试等，不断更新知识，提升技能，以保持对行业动态和最新法规的敏感度，为企业提供更加专业和前沿的咨询服务。

（2）质量管理体系建立

会计师事务所应制定严格的质量控制标准，包括审计程序、质量控制和文件管理等方面，并涵盖内部控制咨询的全过程，以确保咨询服务的质量和效果。同时，会计师事务所要设立专门的内部审核部门或岗位，定期对内部控制咨询项目进行审核和评估，以便及时发现并纠正问题，从而确保咨询服务的准确性和可靠性。此外，鼓励会计师事务所选择接受外部审计和认证，通过与独立的审计机构合作进行外部审计，或参与合适的认证计划，提升质量管理体系的权威性和公信力。

（3）加强与客户的沟通合作

会计师事务所应与客户建立良好的沟通渠道，包括定期会议、电话、电子邮件等，从而确保双方能够及时、有效地交流信息，以便更好地理解客户的需求和期望，提供更加精准的服务。要在服务全过程中，建立起与客户之间的信任，通过诚信、专业的服务，深入了解客户的业务特点、行业特性和风险状况，为客户提供个性化的内部控制服务方案。

5.2.3　企业内部控制标准委员会（CICSC）

专家咨询机构，汇聚了特定行业领域的顶尖学者与实践精英，他们凭借深厚的理论功底、丰富的实践经验以及敏锐的洞察力，为企业提供量身定制的专业问题解决方案与咨询服务。回归本书主题，无论是内部控制制度的规划设计、业务流程的优化调整，还是风险管理策略的制定与实施，内部控制专家咨询机构都能为企业提供专业、精准的指导与支持，从而帮助企业构建起科学、合理、有效的内部控制体系。

企业内部控制标准委员会（CICSC）是由财政部、国资委、证监会、审计署、银监会、保监会等政府部门联合发起成立，旨在为制定和完善中国企业内部控制标准体系提供咨询意见和建议，其性质是一个政府主导下的专家咨询机构，专注于企业内部控制这一专业领域的咨询工作，为行业规范和发展提供支持和指导。在工作实践中，企业内部控制标准委员会可具体通过以下方式来提升我国企业内部控制整体水平。

1）立足主责主业，强化服务质量

企业内部控制标准委员会在专注于其核心职责与主营业务的基础上，致力于全面提升内部控制水平，以确保组织运营的高效性、合规性及资产的安全性。这一过程涉及多个关键环节，主要包括标准制定与更新、监督执行、教育培训，以及政策研究。

（1）标准制定与更新

企业内部控制标准委员会首要任务是建立一套全面、科学、适应时代发展的内部控制标准体系，这要求委员会深入研究国内外先进内部控制理念与实践，结合行业特性与外部环境变化，不断修订和完善现有标准，以确保其先进性和适用性。例如，定期组织专家研讨会，邀请行业领袖、学者及监管机构代表，共同探讨内部控制新趋势、新问题，并将研究成果转化为具体标准条款。同时，建立快速响应机制，针对新兴风险（如数字安全风险）及时出台指导性文件，引导企业有效应对。

（2）监督执行

有效的监督执行是确保内部控制标准落地的关键，企业内部控制标准委员会需建立一套完善的监督机制，包括定期检查、专项审计，以及违规行为处罚等，以促进企业严格遵守内部控制标准。例如，设立专门的监督小组，负责对企业内部控制体系的有效性进行实质性定期评估，通过现场检查、问卷调查、数据分析等多种方式，及时发现并纠正问题。同时，建立举报奖励机制，鼓励行业企业、员工参与内部控制监督，形成全员参与的良好氛围。

（3）教育培训

提升企业员工对内部控制的认识与执行能力，是内部控制体系持续优化的基础。企业内部控制标准委员会应组织多样化的教育培训活动，覆盖从高层管理者到基层员工的各个层级。例如，开展线上线下相结合的培训课程，内容涵盖内部控制基础理论、最新标准解读、实战案例分析等。针对不同行业、不同岗位设计定制化培训内容，以增强培训的针对性和实效性。同时，建立内部控制知识库，方便员工随时学习查阅。

（4）政策研究

政策研究是企业内部控制标准委员会前瞻性工作的核心，通过深入分析国内外政策动态、法律法规变化，为内部控制标准的制定与调整提供科学依据。例如，建立政策研究小组，跟踪国内外相关政策法规的最新动态，定期发布研究报告，为企业提供政策解读与应对策略建议。同时，加强与政府监管机构、行业协会的沟通合作，共同推动内部控制相关政策的完善与优化。

（5）内部控制信息披露

制定和完善内部控制相关标准与规范，指导并监督企业按照既定要求开展内部控制信息披露工作，以确保信息的真实性、准确性和完整性，同时对企业披露情况进行定期审查与评估，以促进企业内部控制体系的有效运行和信息透明度的提升。

2）智能化平台与动态风险评估体系建设

企业内部控制标准委员会在深化我国行业差异化内部控制整体水平的征程中，要全力推进智能化内部控制管理平台与动态风险评估体系的建设，力求通过技术创新与行业特性的紧密结合，为各行各业的企业打造既高效又精准的内部控制体系。以下是对这两大核心策略的进一步扩展阐述，以及其如何全面提升我国不同行业企业内部控制能力的具体措施。

（1）智能化内部控制管理平台建设

①目标定位

智能化内部控制管理平台的建设，旨在打破传统内部控制的局限，实现流程自动化、决策智能化，并针对不同行业的独特需求，提供高度定制化、灵活多变的解决方案，最终愿景是构建一个能够随行业变化而自我优化，持续推动企业内部控制水平提升的智能生态系统。

②实施策略细化

A.深度洞察行业。组织行业专家团队，对各行业的业务流程、风险分布、法规要求等进行深入剖析，形成详尽的行业内部控制需求报告，为平台设计提供精准指导。

B.模块化与可配置性。平台采用模块化设计，每个模块都能独立运行，同时又能通过标准接口无缝集成。企业可以根据自身需求，选择并配置最适合的模块组合，以实现内部控制的个性化定制。

C.智能算法与决策支持。集成先进的智能算法，如深度学习、神经网络等，对海量数据进行实时分析，自动识别风险点，提供智能化的决策建议，这不仅能提高内部控制的效率，而且能提升决策的准确性和科学性。

D.云化部署与灵活扩展。平台采用云化部署方式，支持按需扩展，确保企业能够随着业务规模的增长，轻松扩展内部控制管理平台的功能和性能。

E.用户培训与持续服务。提供全面的用户培训服务，确保企业员工能够熟练掌握平台的使用技巧。同时，建立持续的客户服务机制，及时响应企业的需求变化，并提供个性化的技术支持和解决方案。

（2）动态风险评估体系构建——基于数据分析的风险预警模型

①核心价值与意义

在行业差异化的背景下，构建基于数据分析的动态风险评估体系，特别是风险预警模型，对于帮助企业及时捕捉行业风险、提前采取防范措施、避免或减轻风险损失具有重要意义。这不仅能够提升企业的风险管理能力，而且能为企业的战略决策提供有力支持。

②实施路径深化

A.多维度数据整合与分析。除了收集基本的行业数据外，动态风险评估系统还应整合社交媒体、新闻报道、政策文件等多维度信息，为风险评估提供全面、立体的数据支持。

B.风险因子动态识别与风险预警模型构建。利用机器学习等算法，动态风险评估系统对海量数据进行实时分析，动态识别各行业特有的风险因子，并跟踪其变化趋势，以确保风险评估的时效性和准确性。同时，构建基于数据分析的风险预警模型，实时监测企业运营中的潜在风险，提前发出预警信号，为管理层提供决策支持，实现从被动应对到主动预防的转变。

C.预警模型持续优化。建立预警模型的持续优化机制，定期对模型进行回测和验证，确保其能够准确反映行业风险的变化。同时，根据企业的实际需求和反馈，不断调整并优化预警规则和阈值。

D.行业风险知识库建设。构建行业风险知识库，收集、整理并分析各行业的历史风险事件和案例，为企业的风险管理和决策提供有益的参考和借鉴。

E.应急响应与危机管理。结合行业特性和企业实际情况，制定详细的应急响应计划和危机管理策略，以确保在风险发生时能够迅速、有效地采取行动，从而最大限度地减少损失。

3）积极开展跨界合作与专题研究

（1）开展跨界合作，汇聚多元智慧

企业内部控制标准委员会要深刻认识到，在全球化与数字化转型的背景下，单一领域的专业知识已难以满足企业内部控制的复杂需求。因此，委员会要积极寻求与各行业领先企业、高等学府、科研机构、行业协会以及国际组织的跨界合作，通过签署合作协议、建立联合实验室、开展定期交流会议等方式，引入外部专家的智慧，促进不同领域知识与经验的交叉融合。这种跨界合作不仅拓宽了内部控制的视野，而且加速了创新解决方案的诞生，为企业提供了更为全面、科学的内部控制指导。

（2）组织专题研究，攻克内部控制难题

面对企业内部控制领域的种种挑战，企业内部控制标准委员会要定期组织一系列专题研究，旨在深入挖掘问题的根源，提出切实可行的解决方案。企业内部控制标准委员会还根据行业特点和企业需求，精心设计了研究课题，如风险管理框架的构建、内部控制信息系统的优化、合规性控制的强化等，通过组建由专家学者、企业高管、实务工作者和监管机构代表组成的课题组，充分利用各方资源，进行深入的理论探讨和实践分析。这些专题研究不仅为制定和修订内部控制标准提供了科学依据，而且为企业提供了宝贵的实践指导和案例参考。

（3）开展示范项目，引领内部控制实践

为了将跨界合作与专题研究的成果转化为实际的应用，企业内部控制标准委员会要选择具有代表性的行业、企业作为示范点，并与其紧密合作，共同设计、实施内部控制改进方案。通过示范项目的成功实施，企业内部控制标准委员会不仅验证了研究成果的有效性，而且为企业提供了可复制、可推广的内部控制经验。同时，示范项目的成功也激发了更多企业参与内部控制改进的积极性，从而推动了整个行业内部控制水平的提升。

4）构建内部控制知识共享平台

企业内部控制标准委员会要充分认识到内部控制知识共享与文化传播的重要性，构建集线上线下于一体的内部控制知识共享平台，旨在通过全方位、多层次的内部控制知识传递与文化熏陶，全面提升我国企业的内部控制能力。

为了打破地域与时间的限制，企业内部控制标准委员会应该建立线上线下相结合的内部控制知识共享平台。线上平台以官方网站、移动应用、在线课程等形式存在，提供丰富的内部控制理论、政策法规相关内容，涵盖风险管理、内部控制、内部审计等多个领域资源，并且定期发布最新的内部控制知识、研究成果与实践案例，方便企业人员随时随地学习。线下平台则包括定期举办的研讨会、培训班、交流会等，为业内人士提供面对面交流的机会，促进知识的深度碰撞与融合。同时，企业内部控制标准委员会要精心挑选一批成功实施内部控制改进的企业作为案例，通过详细剖析其改进过程、成效与经验，为其他企业提供宝贵的借鉴与参考。通过线上线下相结合的模式，在拓宽内部控制知识传播渠道的同时，还增强了内部控制知识学习的互动性与实效性。

企业内部控制标准委员会要深刻认识内部控制意识与文化的培养是提升企业内部控制水平的基石，在知识共享平台上特别注重内部控制意识与文化的传播与培养，通过发布内部控制理念、价值观、行为规范等内容，引导行业企业树立正确的内部控制观念，形成全员参与、共同维护内部控制的良好氛围。同时，企业内部控制标准委员会还通过举办内部控制文化周、知识竞赛等活动，激发员工对内部控制的兴趣与热情，提高其内部控制的自觉性与主动性。这种内部控制意识与文化的培养，为企业的内部控制建设提供了强大的精神动力与文化支撑。

5）加强国际交流与合作

企业内部控制标准委员会应致力于深化并拓宽国际交流与合作的广度与深度，深化在内部控制领域的交流与合作，共同建立高质量的内部控制标准，促进内部控制在各类型组织中的广泛运用，推动内部控制在保障资本市场健康发展和提升企业经营管理水平及风险防范能力方面发挥积极作用，以期显著提升我国企业内部控制体系的整体质量和效能。

这一战略目标的实现，需围绕以下几个核心维度进行精心布局与深入探索：

（1）强化在内部控制领域的交流与合作

企业内部控制标准委员会应主动寻求与全球范围内先进的内部控制机构建立常态化的沟通机制，通过组织国际研讨会、工作坊、线上论坛等多种形式，促进知识共享与经验交流。这不仅包括学习借鉴国外成功案例与最佳实践，而且应鼓励我国企业分享自身在内部控制建设中的创新举措与成效，从而形成互利共赢的国际合作氛围。

（2）加强与国际标准的对接与融合

鉴于国际内部控制标准的不断演进与完善，企业内部控制标准委员会需密切关注国际动态，及时研究并吸收 COSO 框架、ISO 31000 风险管理标准等国际先进标准的新理念、新要求，通过对比分析，识别我国现行内部控制体系与国际标准之间的差距，制订针对性的改进计划，促进我国企业内部控制标准的国际化接轨，从而提升国际竞争力。

（3）积极参与国际内部控制标准的制定与修订工作

为了在国际内部控制领域争取更多话语权，企业内部控制标准委员会应积极参与国际标准化组织、专业协会等机构的相关活动，成为我国企业在国际标准制定过程中的代表与桥梁。企业内部控制标准委员会通过提交提案、参与讨论、提供专业意见等方式，贡献中国智慧与中国方案，以确保国际内部控制标准能够更加全面地反映不同国家和地区企业的实际需求，从而促进全球内部控制实践的均衡发展。

5.3　微观层面

在内部控制路径优化的微观层面路径中，内部控制意识和内部控制文化作为企业内部控制的最终保障，对于确保内部控制的有效实施、提升企业管理效率和效果、防范企业风险等方面都具有重要意义，应当被置于路径优化的起始阶段和贯穿始终的核心位置。这意味着，在构建和完善内部控制体系之前，首先需要强化员工的内部控制意识，并培育积极向上的内部控制文化，同时，在整个内部控制质量的提升过程中，内部控制意识和内部控制文化都应作为指导原则和核心驱动力，贯穿各个环节。

本书以风险管理作为企业内部控制研究的起始点与核心切入点，旨在通过这一关键视角，进一步展开并深化对内部控制体系及其优化路径的研究与实践。在此逻辑框架下，本书将风险管理作为提升企业内部控制质量路径优化的首要位置，强调其在整个内部控制体系构建与改进过程中的先导性和基础性作用，以确保在内部控制体系构建初期就纳入风险管理的视角，避免在后续环节中出现重大疏漏。这不仅有助于提升企业的抗风险能力，而且能为后续的内部控制制度建设提供方向和重点。在建立了风险管理机制的基础上，企业需要进一步完善内部控制制度、优化企业结构调整及应用数智技术提升内部控制效率，并建立有效的监督与反馈机制，以确保风险管理与内部控制的有效实施。

5.3.1 提高内部控制意识与内部控制文化建设

1）提高管理层认识

（1）明确内部控制重要性

管理层应深刻认识到内部控制对于行业企业发展的重要性，它是保障企业资产安全、提高经营效率、促进合规经营的基础，管理层应将内部控制视为企业管理的核心组成部分，而非附加任务。

（2）树立榜样作用

管理层应成为内部控制的倡导者和执行者，通过自身的言行举止向员工展示内部控制的重要性和必要性。他们的态度和行为将直接影响员工对内部控制的认知和态度。

（3）强化风险管理意识

管理层应增强风险管理意识，将内部控制与风险管理紧密结合，通过制订详细的风险管理方案，预测潜在风险并采取有效措施进行防范，以确保企业稳健运营。

2）明确岗位职责

（1）制定清晰的岗位职责

企业应明确每个岗位的职责范围和工作目标，确保每位员工都清楚自己的职责所在，使员工更好地履行职责，从而减少工作中的模糊地带和推诿现象。

（2）细化岗位内部控制要求

在明确岗位职责的基础上，企业应进一步细化岗位内部控制要求，将内部控制制度分解转化为各岗位的具体操作规范和行为准则，使员工在日常工作中能够遵循内部控制要求进行操作。

（3）强化岗位责任追究

企业应建立健全岗位责任追究机制，对违反内部控制要求的员工进行严肃处理，通过强化责任追究，提高员工对内部控制要求的重视程度和执行力度。

3）强化岗位培训

（1）制订内部控制培训计划

企业应制订全面的内部控制培训计划，将内部控制培训纳入统一的岗位培训体系中。培训内容应涵盖内部控制的基本原理、相关法规、内部控制程序和方法等方面。

（2）定期组织培训活动

企业应定期组织内部控制培训活动，确保全体员工都能接受到内部控制知识的培训，从而提高员工对内部控制的认知水平和操作能力。

（3）创新培训方式

企业应不断创新内部控制培训方式，采用案例分析、模拟演练、在线学习等多种形式进行培训，从而提高员工的学习兴趣和参与度。

4）营造内部控制文化

（1）宣传内部控制理念

企业应大力宣传内部控制理念，通过内部宣传栏、企业网站、微信公众号等多种渠道向员工传达内部控制的重要性和必要性。同时，可以组织内部控制知识竞赛、演讲比赛等活动，提高员工对内部控制的认知和兴趣。

（2）树立典型示范

企业应树立内部控制典型示范人物和团队，通过表彰先进、树立榜样等方式激发员工的内部控制热情。同时，鼓励员工之间相互学习、相互借鉴好的内部控制经验和做法。

（3）强化全员参与

企业应强化全员参与内部控制建设的意识，鼓励员工积极参与内部控制制度的制定、执行和监督等环节。通过全员参与，企业内部形成人人关心内部控制、人人参与内部控制的良好氛围。

5.3.2 强化企业风险管理机制

企业通过建立风险评估机制和实施风险监控与预警机制来强化企业

风险管理，可以更加有效地识别、评估、监控和应对各种风险，从而提高企业内部控制水平。这两个机制相互支撑、相互促进，共同构成企业风险管理的重要组成部分。

1）建立风险评估机制

（1）风险识别

① 全面扫描。企业应定期对内外部环境进行全面扫描，识别出可能影响企业目标实现的所有潜在风险，包括市场风险、信用风险、操作风险、法律风险等。

② 利益相关者分析。通过分析企业内外部利益相关者的需求和期望，企业可以识别出可能对自身产生不利影响的风险因素。

③ 专家咨询。利用外部专家或专业机构的知识和经验，帮助企业识别和评估复杂风险或新兴风险。

（2）风险量化与评估

① 定性评估。采用问卷调查、访谈等方式，收集关于风险发生可能性和影响程度的主观判断，进行风险排序。

② 定量评估。运用统计模型、历史数据分析等方法，对风险进行量化评估，如计算风险期望值、风险价值等。

③ 综合评估。结合定性和定量评估结果，确定风险的优先级，为风险应对提供依据。

（3）风险应对策略制定

根据风险评估结果，制定有针对性的风险应对策略，如风险规避、风险降低、风险转移（如保险）或风险接受，并为每种策略制订详细的实施计划并分配相应的责任，以确保策略的有效执行。

2）实施风险监控与预警机制

（1）建立风险监控体系

① 设立监控指标。针对识别出的关键风险，设定具体的监控指标和阈值，如财务指标、客户满意度、市场份额等。

② 定期监测。通过定期收集和分析数据，对监控指标进行跟踪，并及时发现风险迹象。

③ 异常报告。一旦发现监控指标超出阈值或出现异常波动，立即

触发报告机制，并通知相关人员进行处理。

（2）预警系统建设

① 预警模型构建。利用数据分析技术，建立风险预警模型，对潜在风险进行预测和预警。

② 预警信号传递。确保预警信号能够及时、准确地传递给相关决策者和执行者，以便其迅速采取行动。

③ 应急响应计划。针对预警信号，制订详细的应急响应计划，包括风险应对措施、资源调配、沟通协调等。

（3）持续改进与优化

① 监控与预警效果评估。定期对风险监控与预警机制的效果进行评估，发现问题和不足。

② 机制优化。根据评估结果，对监控指标、预警模型、应急响应计划等进行调整和优化。

③ 技术与工具升级。关注风险管理领域的新技术和新工具，及时引入并应用于风险监控与预警中，从而提高机制的效率和准确性。

5.3.3　完善企业内部控制制度

1）完善内部控制相关内容

企业应根据自身业务特点和风险状况，制定全面、具体、可操作的内部控制制度，以确保各项业务流程都有明确的内部控制要求。

（1）建立健全内部控制框架。企业应基于COSO内部控制框架或类似标准，构建全面的内部控制制度，涵盖控制环境、风险评估、控制活动、信息与沟通以及监督等五大要素。

（2）细化控制流程。针对关键业务环节，如采购、生产、销售、财务等，制定详细的控制流程，以确保每一步操作都有明确的指导和监督。

（3）强化内部控制意识。通过培训、宣传等方式，提高全体员工对内部控制的认识和重视程度，形成全员参与内部控制的良好氛围。

（4）完善内部控制信息披露制度。建立健全内部控制规范化体系，明确内部控制信息披露的标准、流程及责任主体，加强内部审计与监督，同时利用信息化手段提升披露效率和透明度，以及定期对内部控制制度进行评估与改进，来不断完善内部控制信息披露制度。

2）明确内部控制目标

明确内部控制的目标，如确保财务报告的准确性、保护资产安全、提高经营效率等，为内部控制的实施提供方向。

（1）战略一致性。确保内部控制目标与企业的战略目标保持一致，支持企业战略的有效实施。

（2）具体可衡量。将内部控制目标细化为具体、可衡量的指标，如提高财务报告准确性、降低舞弊风险、优化资源配置等。

（3）动态调整。根据企业内外部环境的变化，适时调整内部控制目标，以确保其始终与企业发展相适应。

3）定期更新与修订

随着外部环境和内部条件的变化，企业应定期对内部控制制度进行更新和修订，以确保内部控制制度与企业实际情况保持一致，适应新的业务需求和风险挑战。

（1）定期审查。定期对内部控制制度进行审查，评估其有效性和适用性，及时发现并解决问题。

（2）法规遵循。密切关注相关法律法规的变化，以确保内部控制制度与之保持一致，避免合规风险。

（3）持续优化。根据审查结果和法规变化，及时更新和修订内部控制制度，提高其科学性和适用性。

4）梳理业务流程

对企业现有的业务流程进行全面梳理，识别关键控制点和潜在风险点，以确保每个业务流程都有相应的内部控制措施。

（1）流程识别。全面识别企业各项业务流程，包括主营业务流程、辅助业务流程以及管理流程等。

（2）流程分析。对识别出的业务流程进行深入分析，找出潜在的风险点和控制弱点。

（3）流程优化。针对这些在分析过程中发现的问题，对业务流程进行优化设计，提高流程效率和风险控制能力。

5）标准化操作程序

企业制定标准化的操作程序，减少人为错误和舞弊行为的发生，以确保每个员工都了解并遵循这些程序。

（1）制定操作标准。为关键业务流程制定详细的操作标准和规范，以确保每一步操作都有明确的指导和要求。

（2）培训与推广。通过培训、指导等方式，将操作标准推广至全体员工，从而提高其执行标准和规范的能力。

（3）监督与检查。定期对操作标准的执行情况进行监督和检查，以确保员工严格遵守标准操作。

6）严格执行内部控制措施

企业要求员工严格按照内部控制制度执行相关工作，以确保内部控制机制得到有效执行。

（1）明确责任分工。为内部控制措施的执行明确责任人和责任部门，以确保每项措施都有人负责，且有人执行。

（2）加强监督与检查。通过内部审计、外部审计等方式，对内部控制措施的执行情况进行监督和检查，以确保其得到有效执行。

（3）奖惩机制。建立奖惩机制，对严格执行内部控制措施的员工给予奖励，对违反规定的员工给予惩罚，激励员工积极参与内部控制建设。

5.3.4 优化企业结构调整

1）组织结构优化

（1）权责分工

① 明确职责范围。对每个部门和岗位的职责进行清晰界定，确保每个员工都清楚自己的职责范围和工作内容。

② 建立责任制。实行岗位责任制，将具体任务和责任明确到个人，避免职责不清、相互推诿的现象。

③ 授权与监督。合理授权，让各级管理者在权限范围内自主决策，同时建立健全的监督机制，以确保权力不被滥用。

（2）制衡机制

① 部门间制衡。通过部门间的相互协作与监督，形成制衡机制，以防止某个部门权力过大。

② 流程控制。建立严格的审批流程和复核制度，以确保重大决策和关键业务环节经过多重审核，从而减少错误和舞弊的风险。

（3）不兼容职务分离

① 明确不兼容职务。识别出那些如果由同一人担任可能会导致舞弊或错误的不兼容职务，如会计与出纳、采购与验收等。

② 分离设置。将不兼容职务分配给不同的员工或部门担任，以确保相互制约、相互监督。

2）治理结构完善

（1）强化董事会作用

① 提升独立性。确保董事会成员具备专业能力和独立性，减少内部人控制和大股东操纵的现象。

② 明确职责。明确董事会的决策和监督职责，确保董事会能够对公司重大事项做出科学、合理的决策，并对管理层进行有效监督。

（2）强化监事会作用

① 提升地位。加强监事会的地位，使其能够独立、客观地履行监督职责。

② 引入外部监事。引入具有专业能力和独立性的外部监事，从而增加监事会的专业性和权威性。

③ 明确监督重点。监事会应重点关注公司的财务状况、内部控制执行情况以及高级管理人员的履职情况等关键领域。

（3）引入独立董事

① 增加独立性。独立董事与公司没有直接的利益关系，能够为公司提供更加客观、独立的意见和建议。

② 专业背景。独立董事通常具备丰富的专业知识和行业经验，能够为公司的战略规划和业务决策提供有力支持。

③ 决策监督。独立董事参与公司董事会决策过程，对管理层进行有效监督，以确保公司决策的科学性和合理性。

3）实施与评估

（1）制订详细计划

根据企业的实际情况和发展战略，制订详细的企业结构调整计划，明确实施步骤和时间节点。

（2）加强沟通与培训

在实施过程中，加强与员工的沟通与培训，以确保员工理解并支持企业结构调整的决策。

（3）定期评估与反馈

建立定期评估机制，对企业结构调整的实施效果进行评估，及时发现问题并采取措施加以改进。

5.3.5 数智技术提升内部控制效率

企业通过引入智慧化系统、加强企业信息化系统安全以及利用信息技术等手段，可以显著提升内部控制效率和提高企业内部控制水平。这些措施的实施将有助于企业更好地应对复杂多变的市场环境和风险挑战，从而实现可持续发展。

1）引入智慧化系统

（1）企业智慧内部控制系统构建

智慧内部控制系统具备自动化的执行能力，可以自动执行内部控制任务和流程。系统可以与企业的信息系统集成，实时获取和处理数据，并自动进行控制测试和审核，减少人为错误和漏洞的可能性，从而提高内部控制的准确性和效率。

① 智能化决策支持。利用人工智能和机器学习技术，智慧内部控制系统可以对大量的数据进行分析和处理，为企业的决策提供智能化的支持。通过数据分析和挖掘，系统可以发现潜在的风险和问题，并提供预警和建议，从而帮助企业提前采取措施进行防范和应对。

② 持续改进和优化。智慧内部控制系统强调持续改进和优化。系统通过数据分析和监测，发现内部控制过程中的改进空间和效率提升点，并提供相应的建议和解决方案。这种持续改进的能力有助于企业不断提升内部控制的水平和效果。

（2）定制化开发与应用

① 灵活配置。智慧内部控制系统可以根据不同企业的业务特点和需求进行灵活的配置和定制化开发。通过定制化的系统建设，企业可以更好地满足自身内部控制管理的需求，从而提高系统的适用性和有效性。

② 一体化管理平台。通过数智化内部控制合规平台的实施，覆盖企业的各项业务流程和监管要求，推动业务操作的合规性。平台可以整合数据、工具和信息，提供互联互通、高效可用的"内部控制合规一体化管理平台"，从而实现内部控制管理的全面性和系统性。

2）加强企业信息化系统安全

（1）风险评估与防范

① 拓宽风险评估范畴。随着企业信息化程度的提高，内部控制信息高度集中在数据处理系统，企业需要识别并评估新风险，如网络病毒攻击、数据泄露等。通过定期进行风险评估和漏洞扫描，企业可以及时发现潜在的安全隐患并采取措施进行防范。

② 加强物理和网络安全。在硬件方面，加强物理性损伤防范和电路保护措施；在软件方面，确保系统运行的稳定性和数据的安全性，防止非法篡改和无授权访问。

（2）权限管理与访问控制

① 规范制度。建立严格的权限管理制度，明确各级员工的权限范围和责任分工。通过合理赋权和定期审阅，确保系统权限的合理分配和有效管理。

② 加强访问控制。采用先进的身份认证和访问控制技术，确保只有经过授权的用户才能访问系统内的敏感数据。同时，记录用户的访问行为和操作日志，便于事后审计和追责。

3）利用信息技术提升内部控制管理

（1）业务流程管理与优化

① 业务流程梳理与优化。通过信息技术手段对业务流程进行全面梳理和优化，消除冗余环节和瓶颈点，以提高业务流程的效率和效果。例如，采用BPM（业务流程管理）系统实现流程自动化和标

准化管理。

②数据驱动决策。利用大数据和人工智能技术对企业运营数据进行深度分析和挖掘，发现潜在的风险和问题，为企业的决策提供有力支持。通过数据驱动的决策过程，企业可以更加科学、合理地制定内部控制策略和措施。

（2）员工行为管理与监督

①员工行为监测。数智化内部控制系统对员工的交易行为、账户活动等进行实时监测和分析，发现异常行为并及时预警。该系统可以自动生成风险报告和预警信息，提醒相关部门和人员关注并采取相应措施。

②培训与教育。加强员工对信息技术和内部控制管理的培训与教育，提高员工的信息化素养和内部控制意识。通过培训和教育活动，员工可以了解内部控制管理的重要性和必要性，并掌握相关操作技能和方法。

（3）跨部门协作与信息共享

①打破信息壁垒。利用信息技术手段打破部门间的信息壁垒，实现跨部门协作和信息共享。通过建立统一的信息平台和数据标准，确保各部门之间的信息流通顺畅、数据一致准确。

②提升协同效率。通过信息共享和跨部门协作机制，企业可以更好地整合内部资源、优化资源配置、提高协同效率。同时，也有助于企业及时发现潜在的风险和问题，从而采取集体应对措施进行防范和应对。

5.3.6 建立有效的监督与反馈机制

1）设立内部审计部门

（1）明确内部审计部门的职责与权限

①独立性原则。内部审计部门应直接向企业董事会或审计委员会报告，以确保其工作的独立性和客观性，避免受管理层干扰。

②职责范围。内部审计部门应负责对企业财务收支、经济活动、内部控制制度的健全性和有效性等进行审计监督，以确保各项经济活动

的合规性和效益性。

（2）配备专业审计人员

① 专业能力。内部审计人员应具备会计、审计、财务管理等相关专业的知识和技能，以及良好的职业道德和责任心。

② 持续培训。企业应定期对内部审计人员进行专业培训和继续教育，以提高其业务水平和综合素质。

2）加强内部监督

（1）明确监督职责与权限

企业应明确各级管理人员和员工的监督职责和权限，以确保监督工作的有序进行。例如，高级管理层负责监督重大决策的执行情况，中层管理人员负责监督日常业务操作的合规性，基层员工则负责自我监督和对同事的监督。

（2）制定监督标准与流程

① 具体标准。根据企业的实际情况和业务特点，制定具体的监督标准和检查清单，明确各项经济活动的合规性要求和风险控制点。

② 规范流程。建立规范的监督流程，包括定期检查和不定期抽查等方式，以确保监督工作的全面性和及时性。

（3）强化关键环节的监督

① 预算管理。加强对财务预算的制定和执行情况的监督，以确保各项经济活动的预算合规性和效益性。

② 采购与付款。对采购计划的制定、供应商的选择、合同的签订、货物的验收和付款等环节进行全面监督，防止舞弊和浪费现象的发生。

3）实施可持续监控

（1）建立健全的信息收集和分析机制

① 多渠道收集信息。通过财务报表、业务报告、员工反馈等多种渠道收集企业运营的信息。

② 深入分析评估。运用数据分析工具和方法对收集到的信息进行深入分析和评估，并及时发现潜在问题和风险。

（2）引入现代信息技术手段

① 数字化监督平台。利用大数据、云计算等现代信息技术手段建立数字化监督平台，实现对企业运营活动的实时监控和数据分析。

② 智能预警系统。在监督平台中引入智能预警系统，对异常情况进行自动识别和预警，以提高监督工作的效率和准确性。

4）建立反馈机制

（1）建立多样化的反馈渠道

① 意见箱、电子邮箱、内部论坛等。为员工提供多种反馈渠道，确保员工能够方便地提出意见和建议。同时，确保这些渠道受到保护和维护，以便员工可以信任并使用它们。

② 定期员工调查。定期进行员工满意度调查，了解员工对工作环境、沟通和反馈机制等方面的看法。分析调查结果，并采取相应措施解决问题和改进机制。

（2）建立快速响应机制

① 及时回应和处理。对于员工的反馈和建议，企业应建立快速响应机制，及时处理并给予反馈。提高解决问题的能力，以保持员工的信任和满意度。

② 持续改进。根据反馈意见和实际情况，对监督和反馈机制进行持续改进和优化，以确保其有效性和适用性。

（3）强化沟通与协作

倡导双向沟通文化，鼓励员工积极参与决策过程，提出自己的建议和意见，通过定期会议、工作汇报等方式加强与员工的沟通和协作。

建立跨部门协作机制，确保各部门之间的信息共享和协同作战能力，通过团队协作解决复杂问题并提高工作效率。

6 风险管理视域下企业内部控制应用案例

6.1 风险管理视域下扬州市现代金融投资集团内部控制应用案例

金融行业在我国经济社会中扮演着至关重要的角色，不仅是经济发展的血脉和稳定器，而且是政策传导与宏观调控的重要工具。金融行业通过支持科技创新、促进新兴产业发展等方式，为经济体系的创新发展注入新的活力。此外，它们还积极履行社会责任并关注可持续发展问题，为推动经济社会的全面进步和可持续发展做出了重要贡献。

通过对我国企业内部控制的分析和行业发展研究可以看出，金融行业的内部控制的必要性尤为突出，考虑到其业务复杂、资金规模庞大以及面临着市场风险、信用风险、流动性风险、操作风险及法律合规风险等多重风险，对其风险管理应提出更高要求。现在以扬州市现代金融投资集团内部控制应用为例进行分析，阐释行业面临的风险问题和内部控制不足，通过内部控制体系的构建进行风险评估与应对，回归本书研究主旨，为提升我国企业内部控制水平贡献行业力量。

国有企业在我国经济社会中扮演着不可替代的重要角色。它们不仅是国民经济的主导力量和政治稳定的核心力量，而且是推动改革开放、履行社会责任、传承先进思想文化的重要载体。同时，国有企业还通过带动民企共同发展、实现战略支撑和高质量发展引领等方式，为我国经济社会的全面发展做出了巨大贡献。

近年来，国务院国资委先后印发《中央企业全面风险管理指引》《关于做好 2024 年中央企业内部控制体系建设与监督工作有关事项的通知》等一系列政策文件和监管要求，旨在推动国有企业加强内部控制体系建设与监督。国有企业应积极响应国家号召，不断完善内部控制体系，提升管理水平和风险抵御能力，为经济社会发展做出更大贡献。下面以扬州市现代金融投资集团内部控制应用为例，客观分析该企业在战略目标、风险评估、信息沟通等方面存在的内部控制问题，从多角度进行研究分析，促进企业内部控制体系规范化发展。

6.1.1 应用背景与动因

1）应用背景

在全球经济一体化和金融市场日益复杂多变的环境下，金融企业面临着前所未有的挑战与风险。扬州市现代金融投资集团（以下简称"集团"）作为扬州市政府设立的国有地方投融资平台，自 2012 年成立以来，经过近十年的发展，已从单一业务板块发展为覆盖小微金融、股权投资、债券投资三大业务板块的综合金融服务平台。然而，随着业务规模的扩张和经营范围的拓宽，集团面临的风险也日益复杂，主要包括经营风险、流动性风险、市场风险、信用风险、操作风险及法律风险等六大类风险。经营风险主要体现在重大经营决策上，如发展战略制定、资产结构调整等；流动性风险则涉及资金平衡和融资渠道的稳定性；市场风险受金融市场价格波动影响，特别是持有的金融资产价格波动和利率变化；信用风险则涉及交易对手违约风险；操作风险因内部流程不规范或操作失误导致；法律风险则因合约无效或履行不当引起。

集团的风险管理体系在发展过程中逐渐暴露出一些问题。例如，公司治理体系不健全，监事会监督作用未能有效发挥；风险管理部门力量薄弱，缺乏专业风险管理人才；风险决策体系欠科学，决策流程重形式轻实质；风险管理中的信息化工具运用不足等。这些问题不仅影响了集团的风险管理能力，而且对集团的长远发展构成了潜在威胁。

2）应用动因

（1）应对复杂多变的外部环境

集团作为地方金融投资平台，其业务涉及多个金融领域，面临的市场风险、信用风险、流动性风险等不断增加。例如，集团持有的金融资产市值约为10亿元，二级市场的价格波动对集团总资产和投资收益产生重大影响。再如，在信用风险方面，在集团服务对象中不乏中小微企业和个人客户，违约风险较高。2016年，集团某控股子企业因风险管理不到位，导致约4亿元的不良贷款，从而严重影响了集团的经营业绩。

（2）满足金融监管要求

随着国家金融监管政策的不断加强，金融机构必须严格遵守各项监管规定，确保业务合规运营。集团作为国有金融投资平台，必须积极响应金融监管要求，加强内部控制和风险管理，以确保各项业务合规、稳健发展。例如，中国银保监会印发的《银行保险机构进一步做好地方隐性债务风险防范化解工作的指导意见》（银保监发〔2021〕15号）明确要求地方金融机构必须做好债务风险防范化解工作，这对集团的风险管理体系构建提出了更高的要求。

（3）提升集团管理水平

内部控制和风险管理是企业管理的核心组成部分，对于提升企业管理水平具有重要意义。集团在业务快速发展的过程中，逐渐暴露出公司治理体系不完善、风险管理部门力量薄弱、风险决策体系不够科学有效等问题。这些问题不仅影响了集团的风险管理能力，而且制约了集团的整体管理水平。因此，加强内部控制和风险管理，成为集团提升管理水平、实现高质量发展的必然选择。

（4）保障集团稳健发展

集团作为地方金融投资平台，承担着促进地方经济发展、支持特色产业集聚的重要使命。然而，在业务快速发展的过程中，集团也面临着多重风险挑战。加强内部控制和风险管理，可以有效识别、评估和控制风险，降低风险发生的概率和影响程度，为集团的稳健发展提供有力保障。例如，通过优化风险管理决策体系和内部控制制度，集团可以更加科学、有效地应对各类风险挑战，从而确保集团业务稳健、可持续发展。

6.1.2　应用过程与效果

1）应用过程

（1）内部控制体系的构建

集团在内部控制体系的构建上，主要依据《企业内部控制基本规范》及其配套指引，并结合集团自身的业务特点和管理需求，逐步建立起一套覆盖全面、重点突出的内部控制体系。

①组织架构与职责分工

根据《中华人民共和国公司法》及集团内部章程，集团明确了总部与子公司之间的管控关系，确立了"集团控股、联合经营，资源共享、法人独立，业务协同、风险规避，财务并表，自负盈亏"的管控模式。集团总部设立了风险合规部、审计部、战略发展部等职能部门，负责内部控制体系的规划、执行和监督。各子公司则根据业务特点，设立相应的风险控制岗位，以确保内部控制措施在业务层面的有效落实。

②内部控制制度建设

集团依据《企业内部控制基本规范》及其配套指引，制定了《扬州市现代金融投资集团风险管理办法》（扬金投〔2014〕8号）、《扬州金融投资集团授信后管理考核办法》（扬金投〔2015〕6号）等一系列内部控制制度。例如，在信贷业务方面，集团明确了贷前调查、贷中审查、贷后管理的全流程控制要求，以确保信贷业务的风险可控。

（2）风险识别与评估

风险识别与评估是内部控制体系的重要环节。集团通过定期的风险评估会议、业务风险自查、外部审计等方式，全面识别和分析集团面临的风险。

①风险评估会议

集团每季度召开一次风险评估会议，自2019年起至2022年，已累计召开16次风险评估会议，参会人员包括集团领导、各部门负责人及子公司高管，共计超过300人次参加，共同讨论和分析集团面临的市场风险、信用风险、操作风险等各类风险。依据《扬州市现代金融投资集团风险评估管理办法》（集团〔2019〕12号）召开风险评估会议，各部门和子公司汇报风险管理工作开展情况，提出风险应对措施，以确保风险得到及时有效的控制。

②业务风险自查

各子公司根据集团要求，定期开展业务风险自查，重点检查业务流程的合规性、风险点的控制情况等。自查结果需形成书面报告，上报集团风险合规部备案。例如，在担保业务方面，子公司需对在保项目进行逐一排查，评估项目的还款能力和风险敞口，确保担保业务的风险可控。自2020年实施以来，各子公司已累计完成自查报告超过1 000份，发现并及时整改风险点超过500个。自查工作严格遵循《扬州市现代金融投资集团业务风险自查指南》（集团〔2020〕23号），该指南详细规定了自查的内容、方法、报告格式及整改要求，以确保自查工作的规范性和有效性。

③外部审计

自2018年起，集团连续五年聘请国际知名会计师事务所进行年度外部审计，依据《扬州市现代金融投资集团外部审计管理办法》（集团〔2018〕9号）执行，该办法明确了审计机构的选聘、审计范围、报告使用及整改措施。审计全面覆盖了集团的财务报表、内部控制体系及风险管理等方面，结果显示集团内部控制体系逐步完善，风险管理水平显著提升，为集团改进内部控制体系提供了重要依据。

（3）风险应对策略与措施

针对识别出的风险，集团制定了相应的风险应对策略和措施，以确保风险得到有效控制。

①信用风险应对策略

集团通过制定严格的客户准入标准、加强贷后管理、建立风险预警机制等措施，有效控制信用风险。例如，在客户准入方面，集团明确了资产负债率不超过70%、净利率不低于3%、贷款/营收比例不超过35%等财务类指标，以及抵押物要求、征信要求等非财务类指标，确保客户质量。同时，集团依据《扬州市现代金融投资集团风险预警管理办法》（集团〔2021〕5号）建立了风险预警系统，对在保项目、信贷业务等进行实时监控，一旦发现风险苗头，立即采取措施进行干预。

②市场风险应对策略

集团通过多元化投资、加强市场研究、优化资产结构等措施，有效应对市场风险。例如，在投资业务方面，集团注重分散投资，避免将资金集中投资于某一行业或领域，截至2022年底，集团投资项目已覆盖金融、科技、制造等多个领域，从而有效降低了市场风险。同时，集团依据《扬州市现代金融投资集团市场研究合作管理办法》（集团〔2020〕8号），加强与高校、研究机构等外部机构的合作，共同开展市场研究，为投资决策提供科学依据。

③操作风险应对策略

集团通过优化业务流程、加强员工培训、建立操作风险事件库等措施，有效控制操作风险。例如，在业务流程方面，集团依据《扬州市现代金融投资集团业务流程优化管理办法》（集团〔2021〕3号），对担保业务、信贷业务等关键业务流程进行了梳理和优化，确保流程的合规性和高效性。同时，集团依据《扬州市现代金融投资集团员工培训计划》（集团〔2020〕10号），定期对员工进行内部控制和风险管理培训，提高员工的风险意识和业务操作能力。此外，集团依据《扬州市现代金融投资集团操作风险事件库管理办法》（集团〔2021〕7号），建立了操作风险事件库，对历史上发生的操作风险事件进行总结和分析，为今后的风险管理工作提供借鉴和参考。

（4）内部控制的监督与评价

内部控制的监督与评价是确保内部控制体系有效运行的关键环节。扬州金融投资集团通过内部审计、外部审计、绩效考核等方式，对内部控制体系进行监督和评价。

①内部审计

集团审计部严格按照《企业内部控制基本规范》及《扬州市现代金融投资集团内部审计制度》等相关政策文件，定期对集团总部及子公司的内部控制体系进行审计。审计内容包括检查内部控制制度的执行情况、业务流程的合规性、风险点的控制情况等。审计结果须形成书面报告，向集团领导汇报，并提出改进建议。据统计，自2018年以来，集团审计部已完成内部审计项目超过120项，发现并整改内部控制问题300余项，从而有效提升了内部控制体系的有效性。

②外部审计

根据《中华人民共和国审计法》及《企业国有资产监督管理暂行条例》等法律法规的要求，集团聘请了具有资质的会计师事务所进行年度外部审计。外部审计依据《中国注册会计师审计准则》等准则，对集团的财务报表、内部控制体系、风险管理等方面进行全面审计和评价。外部审计结果作为集团改进内部控制体系的重要依据，近年来，外部审计报告中提出的重要建议采纳率均保持在90%以上，显著增强了集团的风险防控能力。

③绩效考核

集团积极响应《中央企业负责人经营业绩考核暂行办法》等政策要求，将内部控制和风险管理工作纳入绩效考核体系。具体考核指标包括内部控制制度执行情况、风险事件发生率、风险管理措施的有效性等，考核结果直接与员工薪酬、晋升等挂钩，通过这一机制，有效激励了员工积极参与内部控制和风险管理工作。近年来，集团内部控制和风险管理相关考核指标的完成率均超过95%，员工对内部控制和风险管理的重视程度显著提升。

2）应用效果

（1）提升了风险管理水平

通过内部控制体系的建设和应用，集团的风险管理水平得到了显著提升。集团能够全面识别和分析面临的风险，并依据《扬州金融投资集团风险管理办法》等制度文件，制定有效的风险应对策略和措施，从而确保风险得到有效控制。据统计，截至2021年年末，集团的不良贷款率仅为0.5%，远低于行业平均水平的2%至3%，这一成就得益于集团制定的严格客户准入标准和加强贷后管理等风险控制措施。

（2）增强了业务合规性

内部控制体系的建设和应用，使得扬州金融投资集团的业务合规性得到了显著增强。集团能够严格按照《中华人民共和国公司法》《融资性担保公司管理暂行办法》等相关法律法规、监管要求及内部规章制度开展业务，以确保业务的合法合规。例如，在担保业务方面，集团严格按照规定流程操作，近年来未出现任何违法违规行为，赢得了监管部门和客户的高度评价。

（3）提高了经营效率

内部控制体系的建设和应用，还有助于提高扬州金融投资集团的经营效率。通过优化业务流程、加强内部管理、提升员工专业素质等措施，集团能够更快速、更准确地响应市场需求，从而提高业务处理效率和服务质量。以信贷业务为例，集团根据《扬州金融投资集团贷款业务操作规范》，对贷款审批流程进行了优化，平均贷款审批时间缩短了30%，显著提高了客户满意度和市场竞争力。

（4）促进了可持续发展

内部控制体系的建设和应用，为扬州金融投资集团的可持续发展提供了坚实保障。通过有效控制风险、增强业务合规性、提高经营效率等措施，集团保持了稳健的经营态势，实现了可持续发展。同时，内部控制体系的建设还有助于提升集团的品牌形象和市场竞争力，为集团的长远发展奠定了坚实基础。例如，根据《扬州金融投资集团发展战略规划（2021—2025年）》，集团将继续完善内部控制体系，推动业务创新和服务升级，以期实现更高质量的发展。

6.1.3 案例分析与启示

1）案例分析

（1）公司治理结构的优化

针对公司治理体系不健全的问题，集团采取了一系列措施来优化公司治理结构。例如，集团在董事会成员配置上进行了调整，提高了外部董事的比例，从而提高了董事会的独立性和专业性。此外，集团还制定了《扬州金融投资集团重大事项请示（报告）制度》和《扬州金融投资集团"三重一大"决策制度实施办法》等文件，明确了重大事项的决策流程和权限划分，从而加强了内部控制的规范性。

（2）风险管理部门的加强与作用提升

针对风险管理部门力量薄弱的问题，集团加强了风险管理部门的建设和人员配置。集团将风险合规部内部的法务审核和业务审核严格独立开来，并引进了具有法律和金融专业背景的人才。同时，集团还要求各所属公司至少配置1名专职的风险控制专员，形成基础性审查、实质性审查和合规性审查的三道风险防火墙。

此外，集团还优化了风险管理例会制度，提高了风险管理的重视程度和执行效率。通过定期召开风险管理例会，集团能够及时了解各业务板块的风险状况，制定针对性的风险管理措施，以确保风险得到有效控制。

（3）风险管理决策体系的优化

针对风险决策体系不科学的问题，集团对风险管理决策体系进行了优化，调整了风险评审委员会的成员结构，提高了外部专家的比例，从而提高了风险评审的专业性和独立性。同时，集团还简化了决策层级，将集团经营层决策和党委会决策环节合并，从而提高了决策效率。

在具体操作中，集团制定了《扬州金融投资集团风险管理办法》和《扬州金融投资集团资产损失责任认定追究补充办法》等文件，明确了风险管理的流程和责任划分。通过优化风险管理决策体系，集团能够更加科学、高效地应对各类风险挑战。

（4）业务流程和操作规范的优化

针对业务流程和操作规范陈旧的问题，集团对业务流程和操作规范进行了优化，对小微板块、创投板块和资管板块的业务流程进行了梳理和优化，制定了新的操作规范。同时，集团还要求各所属公司根据自身业务特点制定个性化的内部控制体系，确保业务流程的规范性和合规性。例如，在担保业务方面，集团实行了双人尽职调查制度和廉政告知书制度，提高了尽职调查的客观性和公正性。在投资业务方面，集团实行了项目立项制度、投资决策制度和投资后评价制度，确保了投资决策的科学性和投资效果的最大化。

（5）流动性风险管理的加强

针对流动性风险管理方式落后的问题，集团加强了流动性风险管理，成立了流动性风险管理小组，制定了流动性管理的具体措施。同时，集团还要求各所属公司定期报告资金需求计划，以确保资金流动的平衡和稳定。

在具体操作中，集团通过定期更新资金平衡表、制定临时流动性需求解决预案等措施，有效应对了流动性风险。例如，在 2021 年 6 月至 8 月期间，集团面对突发的流动性紧张情况，通过及时调整资金安排和融资渠道，成功保障了业务的正常运营和资金的安全。

（6）信息化管理工具的全面推行

针对风险管理中信息化工具运用不足的问题，集团全面推行了信息化管理工具。集团加大了对信息化建设的投入力度，采购了先进的业务管理系统和数据库工具。同时，集团还建立了信息共享平台和数据分析系统，提高了风险管理的信息化水平和效率。通过全面推行信息化管理工具，集团实现了对业务流程的实时监控和风险预警。例如，在信贷业务方面，集团通过信息化系统对客户的资信状况进行实时监控和风险评估，有效降低了信用风险的发生概率。在投资业务方面，集团通过数据分析系统对投资项目进行跟踪研究和评价，及时调整投资策略和优化投资组合。

2）案例启示

（1）强化公司治理结构是内部控制的基础

案例表明，强化公司治理结构是内部控制的基础。金融机构应建立健全的公司治理结构，明确董事会、监事会和经理层的职责和权限划分，确保决策的科学性和合规性。同时，金融机构还应加强外部董事和监事会的监督作用，以提高公司治理的透明度和公信力。

（2）加强风险管理部门建设是内部控制的关键

风险管理部门是金融机构内部控制的关键部门。金融机构应加强风险管理部门的建设和人员配置，提高风险管理人员的专业素质和业务水平。同时，金融机构还应优化风险管理例会制度和决策体系，以确保风险管理的及时性和有效性。通过加强风险管理部门建设，金融机构能够更好地应对各类风险挑战，从而保障业务的稳健运营。

（3）优化业务流程和操作规范是内部控制的保障

优化业务流程和操作规范是金融机构内部控制的重要保障。金融机构应定期对业务流程进行梳理和优化，以确保业务流程的规范性和合规性。同时，金融机构还应制定详细的操作规范和管理制度，明确各环节的职责和权限划分，防止操作风险的发生。通过优化业务流程和操作规范，金融机构能够提高内部控制的效率和效果，以降低操作风险的发生概率。

（4）加强流动性风险管理是内部控制的重要内容

流动性风险管理是金融机构内部控制的重要内容。金融机构应建立健全的流动性风险管理机制，定期评估流动性风险状况并制定应对措施。同时，金融机构还应加强资金流动的监控和预警机制建设，以确保资金流动的平衡和稳定。通过加强流动性风险管理，金融机构能够更好地应对市场变化和突发情况对资金流动的影响，保障业务的正常运营和资金的安全。

（5）全面推行信息化管理工具是内部控制的趋势

随着信息技术的不断发展，全面推行信息化管理工具已成为金融机构内部控制的趋势。金融机构应加大对信息化建设的投入力度，采购先进的业务管理系统和数据库工具。同时，金融机构还应建立信息共享平台和数据分析系统，提高风险管理的信息化水平和效率。通过全面推行信息化管理工具，金融机构能够实现对业务流程的实时监控和风险预警，提高内部控制的精准度和有效性。

6.2　风险管理视域下冀禹公司内部控制应用案例

6.2.1　应用背景与动因

1）应用背景

在经济全球化背景下，企业面临的内外环境日益复杂多变，风险管理的重要性愈发凸显。近年来，随着国内外企业因内部控制失效导致重大危机的案例频发，风险管理已成为企业内部控制体系建设的重要组成部分。冀禹公司作为一家国有独资企业，在发展过程中同样面临着一系列的风险挑战。

冀禹公司，全称为秦皇岛市冀禹商贸有限公司，成立于2014年4月30日，注册资金100万元，由河北海事局后勤管理中心全资控股。公司主要从事港口建设费代征、溢油设备库维护、沉船打捞辅助服务、计算机网络系统维护以及初级农产品生产和养殖等业务。截至2019年12月31日，公司净资产达到2 917万元，2019年度实现总收入3 823万元，净利润2 253万元。然而，随着公司业务的不断拓展和市场竞争的加剧，冀禹公司在内部控制和风险管理方面逐渐暴露出一些问题。

根据《中央企业全面风险管理指引》和《企业内部控制配套指引》等相关政策文件的要求，国有企业需要建立健全内部控制体系，提高风险管理水平。冀禹公司作为国有企业，必须积极响应国家政策的号召，加强内部控制和风险管理建设，以应对日益复杂的市场环境和经营风险。

冀禹公司目前的内部控制体系虽然已初具规模，但仍存在一些问题。例如，公司在战略目标制定和实施过程中缺乏风险管理的考虑，导致战略目标的实现存在不确定性；风险评估机制不健全，无法有效识别和应对潜在风险；关键业务领域的内部控制措施不足，难以保障公司资产的安全和完整；风险管理信息沟通平台不完善，导致信息传递不畅，影响了风险管理的效率和效果。这些问题的存在使得冀禹公司在风险管理视域下的内部控制体系亟待改进和优化。

2）应用动因

（1）应对内外部环境变化的迫切需要

在经济全球化的宏观背景下，企业运营所面临的内外环境日趋复杂，风险管理的战略地位也随之显著提升。近年来，国内外众多企业因内部控制失效而陷入重大危机，这一现象频繁发生，凸显出风险管理作为企业内部控制体系核心组成部分的重要性。

为应对上述挑战，国家层面已出台多项政策指导，如2006年发布的《中央企业全面风险管理指引》及2010年五部委联合发布的《企业内部控制配套指引》，明确要求国有企业必须建立健全内部控制体系，全面提升风险管理能力。冀禹公司，作为国有企业的一员，积极响应国家政策号召，致力于内部控制与风险管理的强化建设。然而，当前公司内部控制体系虽已初步成型，但仍存在诸多待改进之处：战略目标制定缺乏风险考量，风险评估机制不健全导致潜在风险识别不足，关键业务领域内部控制措施薄弱影响资产安全，以及风险管理信息沟通平台缺乏制约管理效率。例如，据2019年度内部审计报告显示，由于风险评估不到位，公司某关键项目潜在损失预估达数百万元。因此，冀禹公司亟须在其风险管理框架下，对内部控制体系进行深度优化与改进，以确保在复杂多变的市场环境中稳健前行。

（2）提高公司治理水平和风险防控能力的需要

冀禹公司作为国有独资企业的典范，其公司治理水平和风险防控能力的强弱，不仅关乎公司的长远发展，更直接影响到国家资产的安全与稳定。然而，受历史遗留问题和管理体制的束缚，冀禹公司在公司治理与风险防控领域尚存诸多不足。具体而言，公司法人治理结构亟待完善，决策层与管理层的权责界限模糊，导致决策效率低下；同时，内部审计与风险管理机制的不健全，使得公司难以及时发现并纠正运营中的问题，潜在风险较高。据《2019年国有企业公司治理与风险管理调研报告》显示，类似冀禹公司的国有企业在公司治理结构上存在普遍性问题，其中职责划分不明晰占比高达60%。

为破解这一困境，冀禹公司亟须加强内部控制与风险管理体系的构建。一方面，公司应积极响应《中央企业全面风险管理指引》及《企业内部控制基本规范》等政策要求，通过优化公司治理结构，明确决策层与管理层的职责权限，提升决策的科学性与执行的高效性，为公司战略目标的顺利实现奠定坚实基础。另一方面，冀禹公司还需建立健全风险评估与应对机制，利用先进的风险管理工具和技术手段，提高对潜在风险的识别精度与防控能力，确保公司资产的安全与完整。行业数据显示，实施全面风险管理的企业，其风险事件发生率可降低30%~50%，进一步证明了强化风险管理的必要性和紧迫性。因此，冀禹公司必须加快步伐，全面提升公司治理水平与风险防控能力，以应对日益复杂的市场挑战。

（3）促进公司战略目标的实现和可持续发展

冀禹公司，秉持"致力于发展水上交通服务业、服务经济社会发展"的战略目标，在推进企业愿景的过程中，不可避免地遭遇了多方面的风险与挑战。市场竞争日益激烈，客户需求快速变化，加之政策法规的不断调整，如近年来国家发布的《交通运输部关于全面深化交通运输改革的意见》等政策文件，均对公司的业务布局与战略实施构成了潜在威胁。据统计，近五年来水上交通服务业的竞争指数年均增长率达到8%，客户满意度成为企业持续发展的关键指标之一。

为有效应对这些挑战，确保战略目标的顺利达成与企业的可持续发展，冀禹公司亟须强化内部控制与风险管理体系。一方面，公司将遵循《企业内部控制基本规范》及配套指引，构建完善的内部控制体系，通过采取标准化业务流程、明确管理职责、加强内部监督等措施，显著提升运营效率与管理水平，为战略实施提供坚实的内部保障。另一方面，依据《中央企业全面风险管理指引》，冀禹公司将深化风险管理建设，通过先进的风险识别与评估技术，精准捕捉市场、法律、财务等多方面风险，并制定针对性的应对策略与预案，从而有效降低风险对战略目标实现的负面影响。

（4）满足上级监管要求和提升公司形象的需要

作为国有企业，冀禹公司承担着国有资产保值增值的重要责任，并接受上级监管部门的严格监督与管理。根据《企业国有资产监督管理暂行条例》及《关于加强中央企业内部控制体系建设与监督工作的实施意见》等政策文件要求，国有企业必须建立健全内部控制体系，全面提升风险管理水平，以确保国有资产的安全与增值。冀禹公司积极响应国家政策号召，不断加强内部控制与风险管理建设，旨在满足上级监管要求，保障国有资产的有效利用与安全。

此外，加强内部控制与风险管理建设对于冀禹公司提升社会形象与信誉度具有显著作用。一个完善且高效的内部控制与风险管理体系，不仅能够展现公司严谨的管理态度与专业的运营能力，而且能够向客户及合作伙伴传递出强烈的信任信号。据2021年中国信用网的相关信息，拥有健全内部控制体系的企业，其客户满意度与合作意愿分别高出行业平均水平15%与20%。因此，冀禹公司通过强化内部控制与风险管理，不仅能够有效提升自身的管理效能，而且能够进一步提升市场信任度，为公司的市场拓展与竞争力提升奠定坚实基础。

（5）冀禹公司内部控制与风险管理现状的迫切需求

冀禹公司在内部控制与风险管理领域面临的挑战不容忽视。公司当前存在的问题，如战略目标与风险管理意识的缺失，风险预测评估机制的缺位，关键业务重大风险控制措施的不足，以及风险管理信息沟通平台的不健全，均在不同程度上制约了公司的发展。这些问题直接导致了公司在战略制定与实施过程中对风险的忽视，难以有效识别和应对潜在风险，进而威胁到公司资产的安全与完整。特别是在港口建设费代征业务中，大额资金流动的风险尤为突出，缺乏有效的内部控制措施极易引发资金挪用或侵占等严重问题。此外，安全生产、原材料及产品仓储、新兴业务立项等领域的风险隐患也亟需关注。据2021年中国信用网的相关信息，类似冀禹公司的国有企业在风险管理中存在的问题具有普遍性，其中风险预测评估机制不健全的企业占比高达70%，凸显了加强内部控制与风险管理的紧迫性。

为了应对这些挑战，冀禹公司必须迫切加强内部控制与风险管理体系建设。公司应严格遵循《中央企业全面风险管理指引》和《企业内部控制基本规范》等政策文件要求，通过改进内部控制体系，完善风险管理机制，提高风险识别与防控能力，以确保公司在复杂多变的市场环境中稳健发展。同时，加强内部监督与审计，确保内部控制与风险管理体系的有效运行与持续改进，为公司的经营稳定和可持续发展提供坚实保障。通过这些措施，冀禹公司不仅能解决当前存在的问题和不足，而且能在未来的发展中更好地应对各种风险与挑战。

6.2.2　应用过程与效果

1）应用过程

（1）内部控制体系的建立与完善

冀禹公司深刻认识到内部控制对于风险管理的重要性，积极响应国家相关政策号召，依据《企业内部控制基本规范》等政策文件，结合自身实际情况，制定了《冀禹公司内部控制手册》。该手册详细阐明了内部控制的目标、原则、关键要素及具体流程，为内部控制的有效实施提供了坚实的制度保障。通过这一系列举措，冀禹公司不断完善内部控制体系，据统计，手册实施后公司风险管理效率提升显著，内部控制缺陷率较之前下降了28%，从而有力促进了公司的稳健发展。

（2）风险识别与评估机制的构建

冀禹公司高度重视风险识别与评估工作，成立了风险管理委员会，负责统筹协调全公司的风险管理工作。委员会下设风险识别与评估小组，负责具体执行风险识别与评估任务。通过定期召开风险评估会议、开展风险问卷调查、利用风险矩阵等工具，公司全面识别了内外部风险因素，并对这些风险进行了定量评估和定性评估，确定了风险等级和优先级，为制定风险应对措施提供了依据。

据统计，自风险识别与评估机制建立以来，公司共识别出各类风险点120余个，其中高风险点20余个，中风险点50余个，低风险点50余个。通过对这些风险点的有效管理和控制，公司成功避免了多起潜在风险事件的发生，从而保障了企业的稳健运营。

（3）内部控制活动的执行与监督

冀禹公司在内部控制活动的执行与监督方面采取了多项有效措施。公司依据《企业内部控制应用指引》等文件要求，制定了详细的业务流程控制规范，明确了各项业务流程的控制点、控制措施和控制责任人。同时，公司还加强了内部审计和监督工作，设立了独立的内部审计部门，定期对各项业务流程进行审计和检查，以确保内部控制活动的有效执行。

在港口建设费代征业务中，冀禹公司采取了严格的内部控制措施。公司规定，港口建设费的征收、上缴和使用必须严格按照国家有关规定执行，任何单位和个人不得擅自挪用或侵占。同时，公司还加强了对港口建设费征收和使用情况的内部审计和监督工作，以确保资金的安全和合规使用。据统计，自内部控制活动执行以来，公司港口建设费代征业务未发生一起资金挪用或侵占事件，从而有效保障了资金的安全和完整。

（4）风险管理信息平台的建设与应用

为了提高风险管理效率和效果，冀禹公司还加强了对风险管理信息平台的建设与应用。公司投入大量资金和技术力量，开发了一套集风险识别、评估、监控和报告于一体的风险管理信息系统。该系统能够实时收集和分析各类风险信息，为风险管理决策提供数据支持；同时，系统还能够自动生成风险管理报告，为管理层提供全面的风险管理视图。

通过对风险管理信息平台的建设与应用，冀禹公司实现了风险管理的信息化和智能化。公司能够及时发现和应对潜在风险事件，有效降低了风险对公司运营的影响程度。据统计，自风险管理信息平台投入使用以来，公司风险事件响应时间缩短了50%，风险事件处理效率提高了30%。

2）应用效果

（1）提升了风险管理水平

冀禹公司通过深入实施内部控制，显著增强了风险管理能力。公司依据《中央企业全面风险管理指引》等政策文件，构建了全面且精细的风险识别与评估机制，确保能够准确捕捉并评估各类潜在风险。同时，公司强化了内部控制活动的执行与监督，保障所有业务流程均符合规范且高效运行。这一系列举措不仅使冀禹公司能够迅速发现并应对风险事件，而且有效降低了风险对公司运营的冲击。据统计，自内部控制体系优化以来，公司风险事件的应对时间缩短了15%，由风险导致的财务损失减少了20%，由此充分展现了内部控制在提升风险管理效能方面的积极作用。

（2）保障了国有资产的安全和保值增值

作为肩负国有资产保值增值重任的国有独资企业，冀禹公司深入贯彻《企业国有资产监督管理暂行条例》等政策法规，通过强化内部控制，有力保障了国有资产的安全与增值。公司聚焦关键业务领域，加大风险控制和监督力度，确保业务活动既合规又高效；同时，建立健全内部审计体系，定期开展审计监督，及时发现并纠正运营中的问题与不足。得益于这些举措，冀禹公司有效抵御了内外部风险挑战，据统计，近三年来，通过内部控制机制预防和纠正的风险事件达数十起，直接避免经济损失超千万元，切实维护了国有资产的安全与稳健运营。

（3）增强了公司的市场竞争力和可持续发展能力

内部控制的深入应用，为冀禹公司市场竞争力和可持续发展能力的增强注入了强劲动力。通过精细化业务流程、提升管理效率及严格控制成本费用等举措，显著提高了核心竞争力和市场份额。同时，冀禹公司不断强化风险管理和内部控制，为企业的长远发展构建了稳固的保障体系。据统计，自实施内部控制优化以来，运营成本降低了约12%，客户满意度提升了15%，市场份额也实现了稳步增长，从而充分证明了内部控制在推动企业可持续发展方面的关键作用。

（4）提升了公司的社会形象和信誉度

内部控制的有效应用，极大地提升了冀禹公司的社会形象与信誉度。公司严格遵循《企业内部控制基本规范》及行业相关政策，构建起一套完备的风险管理和内部控制体系，以确保能够精准识别并有效应对各类潜在风险。在此基础上，冀禹公司还加大了与利益相关方的沟通合作力度，积极践行社会责任，赢得了广泛的社会认同与好评。据第三方机构评估，公司近年来的社会责任履行评分提升了20%，客户满意度调查结果显示，对公司的信任度和满意度均有显著提高，这些成就充分展示了冀禹公司通过强化内部控制所带来的正面社会效应。

6.2.3 案例分析与启示

1）强化风险管理意识，构建全面风险管理体系

冀禹公司的案例表明，企业要想在复杂多变的商业环境中保持稳健发展，必须强化风险管理意识，构建全面风险管理体系。企业应建立完善的风险识别、评估、预警和应对机制，全面、准确地识别并评估各类潜在风险。同时，企业还应注重将风险管理与内部控制相结合，通过内部控制的有效执行来降低风险发生的概率和影响程度。

2）注重内部控制体系的持续优化与更新

内部控制体系作为企业管理的关键环节，展现出动态发展、持续优化的特性，要求企业紧跟市场环境与业务变革的步伐，不断进行调整与完善。冀禹公司通过定期对内部控制体系进行评估和更新，确保其能够适应公司当前面临的风险状况和业务需求。这种持续优化与更新的做法值得其他企业借鉴和学习。

3）加强信息与沟通机制建设，提高信息透明度

在风险管理视域下，信息与沟通机制是企业内部控制的重要组成部分。冀禹公司注重优化信息与沟通机制，确保公司内外部信息的及时、准确传递。这种做法提高了公司的信息透明度和管理效率，有助于企业更好地应对市场风险和挑战。其他企业也应注重加强信息与沟通机制建设，从而提高信息透明度和管理效率。

4）强化内部审计与监督机制，提高内部控制执行力

内部审计与监督机制是确保企业内部控制有效执行的重要保障。冀禹公司积极响应政策要求，高度重视内部审计与监督机制的强化工作，通过此举显著提升了内部控制的执行力度与有效性。实践表明，这一做法使企业能够及时识别并纠正在运营过程中存在的问题与不足，确保所有业务流程均符合法规要求并保持高效运行。据统计，建立健全内部审计体系的企业，其内部控制缺陷发生率可降低40%～60%，充分证明了该机制对于提升企业管理水平的重要作用。因此，其他企业同样应当重视内部审计与监督机制的建设，通过不断优化和完善，以提高自身内部控制的执行力和整体运营效率。

5）注重内部控制与企业文化建设的结合

内部控制体系的建设不仅局限于制度与流程的搭建，更根植于企业的文化土壤之中。对此，《企业内部控制应用指引》等政策文件明确指出，企业文化建设是内部控制有效实施的重要环境因素。冀禹公司在推进内部控制的过程中，深刻理解并践行了这一理念，将内部控制与企业文化建设紧密结合，通过持续培养员工的风险意识与合规观念，显著增强了内部控制的执行效果。这种融合策略不仅促进了企业内部控制环境的优化，还构建了一种积极向上的内部控制文化氛围，为企业的稳健发展奠定了坚实的基础。根据行业研究报告，那些成功将内部控制融入企业文化的企业，其内部控制失效的概率可降低30% ~ 50%，从而进一步验证了这一做法的有效性。因此，其他企业亦应重视内部控制与企业文化建设的融合，通过强化文化引领，提升内部控制的执行力与企业的综合竞争力。

7 结束语

7.1 研究结论

本书以"风险管理视域下企业内部控制困境分析与路径优化研究"为题，梳理内部控制与风险管理相关文献，对我国企业内部控制实施状况与存在的问题进行总结，分析内部控制存在的困境，在对风险管理视域下企业内部控制影响因素、制度依据、理论基础，以及企业内部控制与风险管理的作用机理分析的基础上，从宏观、中观和微观层面提出优化我国企业内部控制的路径措施。

本书采用归纳总结、比较分析等规范研究方法和案例研究等实证研究方法对风险管理视域下企业内部控制进行研究，并得出以下结论：

第一，风险管理不仅是企业内部控制体系构建的基础，更是企业内部控制实施与优化的关键驱动力。在构建内部控制体系时，要紧密结合企业的业务特点和风险状况，制定针对性的控制措施；在执行内部控制时，要密切关注风险的变化趋势，及时调整控制策略；在监督内部控制时，要重点关注风险管理的有效性，以确保内部控制体系能够切实发挥风险防控作用；当评估内部控制时，要以风险管理效果为主要评价指标，由此衡量内部控制体系的实际效果和改进方向。

第二，风险管理与内部控制相互依存，共同服务于企业稳健运营和可持续发展的目标。内部控制作为风险管理的基石，通过明确职责、规范流程、建立监督机制，为企业提供系统化风险防控框架，以确保运营稳定与安全。风险管理则为内部控制提供方向和重点，通过全面分析评估风险，指导内部控制措施的制定，增强体系的针对性和实效性。风险管理与内部控制相互促进，内部控制有效降低风险，为风险管理创造良好条件，而风险管理完善则推动内部控制持续优化升级，形成良性循环，共同提升企业风险管理能力和内部控制水平。

第三，在风险管理视域下，企业内部控制的研究应当注重内部控制的内涵与本质，将理论框架的构建作为研究的逻辑起点。本书通过对委托代理理论、制度理论、管理控制理论和目标设定理论的理论基础研究及其与内部控制之间的作用机理，构建科学、合理的理论框架，对于理解企业内部控制的本质和目标，以及指导企业内部控制的实践具有重要意义。这不仅能够为企业内部控制的优化提供理论支持，而且能够为企业在复杂多变的市场环境中有效应对风险、实现稳健运营提供有力保障。

第四，企业风险管理的本质在于全面、系统地识别与评估企业内外部所面临的所有潜在风险，这一过程涵盖了从市场环境、行业竞争、政策变动等外部因素，到企业内部管理、财务状况、运营流程等内部因素的广泛范畴。通过深入剖析这些风险，企业能够清晰地认识到自身面临的威胁与挑战，从而有针对性地制定和执行一系列策略与措施，以降低风险的影响程度，保护企业资产的完整性，从而确保企业在面临不确定性风险因素时能够保持稳健的运营状态，进而实现可持续发展的战略目标。

第五，企业的价值观念，如诚信、责任、合规等核心理念，构成了企业文化的重要组成部分，它们不仅塑造了企业的精神面貌，更深刻地影响着每一位员工的行为选择。当企业的这些价值观念与内部控制的目标高度一致时，它们便能够形成一种强大的内在驱动力，引导员工在日常工作中自觉遵循内部控制的各项规定，做出符合内部控制要求的行为选择，从而提高了内部控制的有效性。在此基础上，构建良好的内部控制文化，也能够为内部控制的有效实施奠定坚实的基础。企业的价值观念与内部控制文化之间存在着紧密的联系，它们共同作用于员工的行为选择，影响着内部控制的实施效果。因此，企业在构建内部控制体系时，应高度重视价值观的培养和内部控制文化的建设，使它们成为推动内部控制有效实施的重要力量。

第六，数智化技术的推动与创新发展。数智化技术不仅改变了内部控制的实施方式，而且推动了内部控制体系的创新。随着数智化技术的迅猛发展，其在推动企业内部控制质量提升方面发挥着越来越重要的作用，政府职能部门、行业协会、第三方社会机构以及企业自身等多方主体，通过多维度职能来充实企业风险管理体系，利用大数据分析和机器学习算法，提前识别潜在风险，并制定相应的应对策略，提高内部控制的效率和准确性，为企业内部控制的质量提升注入新的动力，共同致力于推动企业在复杂多变的市场环境中保持稳健运营和持续发展。

第七，在推动我国企业内部控制水平提升的进程中，宏观、中观和微观不同层面之间的紧密协作与配合，发挥了至关重要的作用，共同促进致力于构建全面、系统、高效的内部控制优化体系。政府、行业协会、第三方社会机构和企业等各方主体各司其职、各尽其责，形成了上下联动、内外协同的良好局面。这种全面、系统、高效的内部控制优化体系，不仅有助于提升我国企业的整体竞争力，而且为促进经济高质量发展提供了有力支撑。

7.2 对策建议

7.2.1 宏观、中观和微观层面的优化措施

企业内部控制质量提升是复杂系统工程，需政府部门、行业协会、第三方机构及企业等多方紧密合作与监督。政府职能部门制定法规、提

供政策导向及监管；行业协会推广标准、促进交流；第三方机构提供专业咨询与服务；企业则全员参与，构建全业务流程内部控制体系。

1）宏观层面

在宏观层面，财政部、证监会、审计署等政府职能部门多措并举，确保企业内部控制的有效性和合规性，进而维护市场秩序，保护投资者利益，并促进企业的健康发展。这些措施涵盖了政策法规制定、监督执行、协作推进、理论研究与应用等多个方面。

一是完善行业标准与适用，优化内部控制信息披露。财政部、证监会、审计署等政府职能部门推动行业差异化内部控制规范体系建设，明确目标和原则，如定制化风险防控、高效运营等，并遵循全面性、重要性等原则。同时，积极开展分类指导与差异化设计内部控制规范，建立协同推进机制，强化监督与评估，以确保规范措施有效落实。

二是加大监督力度，提升内部控制监管威慑力。财政部、证监会、审计署等政府职能部门明确监督目标与企业战略目标紧密相连，构建层级分明、角色清晰的责任体系，以确保责任有效执行；优化监督流程与方法，采用先进技术和方法，提高监督精准度和效率；构建协同监管框架，明确职责分工，建立联合监管机制，实现信息共享与联合执法；强化专项监督检查力度，严格遵循政策要求，重点聚焦关键领域，构建常态化抽查机制，设立整改台账，严厉打击恶性违法行为。

三是深入开展内部控制理论研究与成果应用。财政部、证监会、审计署等政府职能部门站在国家经济安全、财政稳定等战略高度，审视内部控制的关键作用，运用系统性思维，将风险管理与内部控制之间的关系研究置于企业发展战略高度，构建与企业长期规划相契合的框架，注重风险导向，设计相应控制措施。构建宏观理论研究框架，推动跨学科融合，深化对风险管理与内部控制本质的理解。基于研究成果，为政策制定提供建议，推动内部控制体系建设的制度化、规范化。此外，通过政策引导、行业示范、跨界合作、培训教育等手段，推动研究成果的转化和应用，建立反馈机制，确保研究成果的适应性和先进性。

2）中观层面

在中观层面，行业协会、会计师事务所及企业内部控制标准委员会等机构在企业内部控制质量优化与提升中扮演着不可或缺的角色。它们凭借独特的视角、专业的知识和丰富的经验，为企业内部控制体系的完善与强化提供了强有力的支持与引导。

一是行业协会作为企业与政府间的桥梁，通过加强与政府部门的沟通与合作，建立常态化的工作机制，确保政策法规的科学性与针对性。同时，行业协会积极搭建企业与政府沟通的平台，推动企业参与政策法规制定，提升政策的针对性和可操作性。在推动政策法规宣贯与实施方面，行业协会制定详细的宣贯计划，提供定制化培训与咨询服务，帮助企业掌握政策法规要求，并通过树立行业标杆，激励企业提升内部控制水平。此外，行业协会还构建完善的内部控制指导体系，组织专业培训与研讨，加强行业间横向交流与协作，共同提升内部控制水平。

二是会计师事务所要以其独立身份和专业技能，在企业内部控制质量评估与改进中发挥重要作用。它们紧跟内部控制发展趋势与政策需要，为企业提供深度内部控制诊断与咨询服务，精准识别风险点与薄弱环节，并提出改进建议。会计师事务所通过专业人才培养、质量管理体系建立及加强与客户的沟通合作，不断提升服务质量和竞争力，助力企业完善内部控制体系，提升风险管理能力。

三是企业内部控制标准委员会（CICSC）作为政府主导下的专家咨询机构，要立足主责主业，强化服务质量，通过标准制定与更新、监督执行、教育培训及政策研究等关键环节，确保内部控制标准体系的先进性和适用性。同时，委员会推进智能化内部控制管理平台与动态风险评估体系建设，利用技术创新提升内部控制效率与准确性。此外，企业内部控制标准委员会要通过积极开展跨界合作与专题研究，构建内部控制知识共享平台，加强国际交流与合作，共同推动内部控制标准的国际化接轨，提升我国企业内部控制体系的整体质量和效能。

3）微观层面

在微观层面，企业内部控制质量的提升依赖于内部控制意识和内部控制文化的培育、风险管理机制的强化、内部控制制度的完善、企业结构调整、数智技术的应用，以及监督与反馈机制的建立。

一是企业应通过明确内部控制重要性、树立榜样作用、强化风险管理意识等措施提高管理层认识水平；通过制定清晰的岗位职责、细化岗位内部控制要求、强化岗位责任追究来明确岗位职责；制订内部控制培训计划、定期组织培训活动、创新培训方式来强化岗位培训；通过宣传内部控制理念、树立典型示范、强化全员参与来营造内部控制文化。

二是企业需建立风险评估机制，通过全面扫描、利益相关者分析、专家咨询等方式识别风险，并进行定性和定量评估，制定风险应对策略。同时，实施风险监控与预警机制，设立监控指标、定期监测、异常报告，并利用数据分析技术构建预警模型，以确保风险得到有效管理和应对。

三是企业应根据业务特点和风险状况，制定全面、具体、可操作的内部控制制度，明确内部控制目标，确保与战略目标一致，并动态调整以适应环境变化。通过定期审查、法规遵循和持续优化，确保内部控制制度的有效性和适用性。同时，梳理业务流程，识别关键控制点，制定标准化操作程序，并严格执行内部控制措施。

四是企业需优化组织结构，明确权责分工，建立制衡机制，分离不兼容职务。完善治理结构，强化董事会和监事会作用，引入独立董事增加独立性。制订详细的企业结构调整计划，加强沟通与培训，定期评估与反馈实施效果。

五是引入智慧化系统，构建企业智慧内部控制系统，实现自动化执行和智能化决策支持。加强企业信息化系统安全，拓宽风险评估范畴，加强物理和网络安全，规范权限管理。利用信息技术提升内部控制管理，优化业务流程，实现数据驱动决策，加强员工行为管理与监督，促进跨部门协作与信息共享。

六是企业要设立内部审计部门，明确职责与权限，配备专业审计人员。加强内部监督，明确监督职责与权限，制定监督标准与流程，强化关键环节的监督。实施可持续监控，建立健全的信息收集和分析机制，引入现代信息技术手段。建立反馈机制，提供多样化反馈渠道，建立快速响应机制，强化沟通与协作，确保内部控制体系的有效运行和持续改进。

7.2.2　建设基于行业差异化内部控制规范体系

基于行业差异的企业内部控制规范化体系建设能够确保企业内部控制体系更加贴合企业实际，提高内部控制的有效性和针对性，从而有效防范行业特定风险，促进企业稳健发展。下面以金融业、制造业、建筑业、农业为例进行对策建议分析。

一是金融业要特别强调内部控制重要性，深化对内部控制的认识，将其提升至战略高度，结合行业特性和业务实际构建前瞻性、可操作的制度，定期组织内部控制培训，提升全员内部控制意识，建立严格的执行机制，确保制度有效落实。要构建覆盖所有关键风险领域的全面风险管理框架，引入先进风险评估模型，建立风险预警系统，及时应对风险，并加强风险文化建设，鼓励员工主动识别和报告风险。需要强化内部审计的独立性和专业性，确保审计客观评价的有效性，涵盖所有关键业务流程，定期报告审计结果，提出改进建议。同时，建立健全违规举报机制，主动配合外部监管，共同维护金融市场稳定。

二是制造业强化内部控制，要建立健全体系，明确职责，实施供应商管理，比对采购价格，加强审计监督，确保供应链合规与内部控制有效。要构建安全生产管理体系，制定安全生产规章制度，加强教育培训，建立风险识别与评估机制，制定应急预案，提升安全管理与应急响应能力。要在内部控制中融入环保理念，加强环保法规学习，建立健全环保风险管理制度，加大环保投入，引入先进设备，推动环保合作，实现可持续发展。

三是建筑业要建立分级控制体系，完善内部控制制度，覆盖项目管理全周期，明确职责，加强沟通，制定针对性措施，以确保项目顺利推进。要加强资金流动监管，建立健全资金管理制度，采用先进软件实时监控，完善成本核算，规范会计核算，以确保资金安全与财务透明。要控制项目进度，制订清晰计划与监控机制，对比实际与计划进度，考虑成本变动，加强合同管理，建立风险评估体系，以确保项目按时按质完成，从而降低风险。

四是农业企业面临着经营风险不可控、存货管理难及农产品质量安全等问题，需构建全方位风险管理体系，利用现代科技监测自然环境，调整生产计划，建立风险准备金，并加强与外部机构合作；采用先进存货管理技术，如物联网、大数据等，对生物资产进行全生命周期管理；建立农产品质量安全管理体系，从原料采购到销售全程控制，以确保质量安全。这些措施将提升农业企业经营稳定性，优化资源配置，保障农产品安全，从而实现可持续发展。

7.3 研究展望

企业内部控制是企业管理的重要组成部分，对于确保企业资产的安全完整、提高经营效率、促进企业战略目标的实现具有重要意义。在数智时代背景下，企业内部控制面临着前所未有的机遇和挑战。随着信息技术的飞速发展和大数据时代的到来，企业内部控制需要适应新兴的数据环境和技术发展，以应对日益复杂的风险和挑战。

1）技术与方法的革新

利用大数据、人工智能、云计算等先进技术，提升风险识别的准确性和效率，实现风险的实时监控和预警。通过机器学习算法对内部控制数据进行分析和处理，发现潜在的控制缺陷和风险点，为优化内部控制提供数据支持。

2）风险评估方法的改进

未来的风险评估将更加注重全面性和多维度。企业不仅需要考虑财务风险、运营风险等传统风险，而且需要关注数据安全风险、技术风险、合规风险等新兴风险。加强对风险评估方法的科学研究，引入动态风险评估模型，根据风险因素的实时变化动态调整风险评估结果，探索更加科学、合理的风险评估指标体系和方法，从而提高风险评估的准确性和时效性。

通过构建多维度的风险评估体系，企业可以从不同角度、不同层面对潜在风险进行全面评估，以确保风险评估的完整性和系统性。这将有助于企业更全面地了解自身面临的风险状况，制定更加科学、合理的风险管理策略。

3）数据安全和隐私保护

大数据、人工智能等先进技术在企业内部控制的应用，在促进数据处理技术的发展、推动内部控制流程的数字化转型的同时，也导致数据量的增加，企业面临的数据安全和隐私保护问题日益突出，确保数据的安全性和隐私性成为企业内部控制的重要挑战。

4）数智化企业内部控制平台构建

随着信息技术的飞速发展，特别是大数据、云计算、人工智能等技术在企业经营管理中的广泛应用，企业内部控制正逐步向数智化、智慧化转型。这一转型不仅要求内部控制系统更加高效、智能，而且对内部控制人才提出了更高的要求。未来，企业将需要更多具备数智化技能、复合型知识和应用型能力的内部控制人才，以适应复杂多变的市场环境和企业管理需求。

5）未来的企业内部控制需要注重强化企业文化建设

文化建设的重要性愈发凸显，它不仅是企业内部控制体系的精神支柱，而且是推动企业持续健康发展、增强内部凝聚力和外部竞争力的关键因素。企业文化建设能够塑造企业全体员工的共同价值观和行为准则，使员工在思想上达成共识，在行动上保持一致。因此，企业文化将是风险管理视域下企业内部控制建设的重要内容，是提升企业的外部形象和竞争力的重要抓手。

主要参考文献

[1] WANG Y. Accounting internal control problems and optimization measures based on accounting informatization [J]. International Business & Economics Studies, 2024, 6 (5): 69-81.

[2] HUANG S M, CHANG I C. Assessing risk in ERP projects: identify and prioritize the factors [J]. Industrial Management & Data Systems, 2004, 104 (8): 681-688.

[3] ALOINI D, DULMIN R, MININNO V. Risk assessment in ERP projects [J]. Information Systems, 2011, 37 (3): 183-199.

[4] Baykasoğlu A, Gölcük İ. Comprehensive fuzzy FMEA model: a case study of ERP implementation risks [J]. Operational Research, 2020, 20: 795-826.

[5] ZHU J, HU X, GAO J, et al. Internal control risk disclosure, media coverage and stock price crash risk: evidence from China [J]. International Journal of Accounting Information Systems, 2024 (55).

[6] ROY G G. A risk management framework for software engineering practice [C]. Software Engineering Conference, 2004: 60-67.

[7] CHRISTENSEN LEIF. Internal audit: a case study of the impact and quality of an internal control audit [J]. International Journal of Auditing, 2022, 26 (3): 339-353.

[8] XUE Y. The impact of internal control on management expenses [A] //

Proceedings of 3rd International Conference on Global Economy and Business Management [C]. Jiangsu：2021 (14)：161-174.

[9] ZHANG J. Research on the influence of internal control quality on enterprise profitability [A] //Proceedings of 2nd International Conference on Schooling Advances，Microeconomics and Management Science [C]. Dalian：2021 (11)：149-159.

[10] KAM C，CHEN Y，LIU B. The linear and non-linear effects of internal control and its five components on corporate innovation：evidence from Chinese firms using the COSO framework [J]. European Accounting Review，2020，30 (4)：1-33.

[11] DANIELA M，PFABIGAN，ANNA M. Internal control beliefs and reference frame concurrently impact early performance monitoring ERPs [J]. Cognitive，Affective & Behavioral Neuroscience，2018，18 (4)：778-795.

[12] SHITAL T，TERJE A. An enhanced data-analytic framework for integrating risk management and performance management [J]. Reliability Engineering and System Safety，2016 (156)：277-287.

[13] WANG X. Research on the improvement of internal control under accounting information environment [J]. Applied Mechanics and Materials，2014，3634 (687-691)：1962-1965.

[14] DIMITRIJEVIC D，MILOVANOVIC V，STANCIC V. The role of a company's internal control system in fraud prevention [J]. E-Finanse，2016，11 (3)：34-44.

[15] RADU C V. The internal audit contribution to knowing and improving risk management of economic organizations [J]. Internal Auditing and Risk Management，2018 (1)：53-65.

[16] COSO.企业风险管理整合框架——应用技术 [M]. 张宜霞，译.大连：东北财经大学出版社，2017.

[17] COSO.企业风险管理——整合框架 [M]. 方红星，王宏，译.大连：东北财经大学出版社，2017.

[18] 范道津，陈伟珂.风险管理理论与工具 [M]. 天津：天津大学出版社，2010.

[19] 赵梦媛，张开云.农户健康风险管理过程、传导机制与治理路径——以安徽省岳西县 G 村为例 [J]. 贵州社会科学，2023 (1)：106-113.

[20] 吴涛.技术创新风险管理的方法与策略 [J]. 科学学与科学技术管理，

2000（5）：45-47.

[21] 戚安邦.项目管理学［M］.2版.天津：南开大学出版社，2014.

[22] 沈建明.项目风险管理［M］.2版.北京：机械工业出版社，2010.

[23] 郭波，龚时雨，谭云涛.项目风险管理［M］.北京：电子工业出版社，2007.

[24] 毕星，翟丽.项目管理［M］.上海：复旦大学出版社，2000.

[25] 池国华.企业内部控制规范实施机制研究［M］.大连：东北财经大学出版社，2011.

[26] 叶陈刚，裘丽，张立娟.公司治理结构、内部控制质量与企业财务绩效［J］.审计研究，2016（2）：104-112.

[27] 叶康涛，曹丰，王化成.内部控制信息披露能够降低股价崩盘风险吗？［J］.金融研究，2015（2）：192-206.

[28] 刘启亮，罗乐，张雅曼，等.高管集权、内部控制与会计信息质量［J］.南开管理评论，2013（16）：15-23.

[29] 张先治，戴文涛.中国企业内部控制评价系统研究［J］.审计研究，2011（1）：69-78.

[30] 张颖，郑洪涛.我国企业内部控制有效性及其影响因素的调查与分析［J］.审计研究，2010（1）：75-81.

[31] 谢志华.内部控制：本质与结构［J］.会计研究，2009（12）：70-75；97.

[32] 程晓陵，王怀明.公司治理结构对内部控制有效性的影响［J］.审计研究，2008（4）：53-61.

[33] 陈汉文，张宜霞.企业内部控制的有效性及其评价方法［J］.审计研究，2008（3）：48-54.

[34] 丁友刚，胡兴国.内部控制、风险控制与风险管理——基于组织目标的概念解说与思想演进［J］.会计研究，2007（12）：51-54.

[35] 王光远，瞿曲.公司治理中的内部审计——受托责任视角的内部治理机制观［J］.审计研究，2006（2）：29-37.

[36] 杨有红，胡燕.试论公司治理与内部控制的对接［J］.会计研究，2004（10）：14-18.

[37] 朱荣恩，贺欣.内部控制框架的新发展——企业风险管理框架——COSO委员会新报告《企业风险管理框架》简介［J］.审计研究，2003（6）：11-15.

[38] 李明辉，何海，马夕奎.我国上市公司内部控制信息披露状况的分析［J］.审计研究，2003（1）：38-43.

[39] 李莉，杨文友.内部治理、内部控制与内部审计的优化：提升商业银行自我

监管效率的根本途径 [J]．上海金融，2006（10）：44-46.

[40]　李敏新．增强商业银行风险管理与内部控制能力 [J]．中国投资，2002（6）：16.

[41]　张继德，纪佃波，孙永波．企业内部控制有效性影响因素的实证研究 [J]．管理世界，2013（8）：179-180.

[42]　余冬根，田海月，赵馨燕．制度环境、内部控制质量与企业可持续发展能力 [J]．会计之友，2022（22）：95-102.

[43]　李越冬，刘伟伟．内部控制重大缺陷影响因素分析——基于企业内部特征视角的实证研究 [J]．会计之友，2014（15）：86-94.

[44]　李元翔．国有企业内控管理及财务风险防范的分析 [J]．全国流通经济，2018（32）：40-41.

[45]　罗艳梅．员工薪酬激励、知识能力与内部控制质量——来自中国制造业上市公司的经验证据 [J]．南京审计大学学报，2020，17（5）：51-60.

[46]　谢凡，施赟，舒伟．财务报告内控缺陷定量认定标准能否抑制代理成本？ [J]．审计研究，2018（5）：121-128.

[47]　马鹏飞，董竹，张欣．基于内部控制质量的股利代理理论门槛效应研究 [J]．系统工程理论与实践，2019，39（8）：1966-1975.

[48]　杨清香，廖甜甜．内部控制、技术创新与价值创造能力的关系研究 [J]．管理学报，2017，14（8）：1190-1198.

[49]　郭志碧，孙艳芬．内部控制失效对企业价值的影响——基于新华制药的案例 [J]．财会通讯，2017（35）：104-107.

[50]　文武康，王玉涛．内部控制、税收征管与企业税务风险 [J]．当代财经，2021（8）：41-52.

[51]　陈汉文，杨晴贺．内部控制与汇率风险管理 [J]．审计研究，2021（6）：46-60.

[52]　杨棉之，孙超．企业内部控制、政治风险与跨国并购绩效——基于 SEM 的实证分析 [J]．科学决策，2014（4）：1-15.

[53]　周卫华．基于企业架构视角的内部控制系统模型研究 [J]．中国注册会计师，2016（5）：37-43.

[54]　张兆国，张旺峰，杨清香．目标导向下的内部控制评价体系构建及实证检验 [J]．南开管理评论，2011，14（1）：148-156.

[55]　许瑜，冯均科．企业内部控制有效性评价体系的构建 [J]．财会月刊，2020（18）：96-101.

[56]　陶良峰．我国民营中小企业内部控制问题及对策研究 [J]．对外经贸，2011（8）：121-122.

[57] 王爱东.浅谈中小企业内部控制存在的问题及应对策略[J].财会学习，2015（9）：75-76.

[58] 许金叶，李歌今.ERP构建会计大数据分析平台：企业会计云计算建设的核心[J].财务与会计（理财版），2014（2）：40-43.

[59] 马春雨.内控视角下国企改革中的财务管理问题的思考[J].财经界，2022（5）：77-79.

[60] 刘金红.深化改革背景下国企财务内控体系优化策略[J].财会学习，2022（21）：161-163.

[61] 张玉兰，王园园，张雪.内部控制质量、社会责任成本与企业价值——基于重污染行业的经验数据[J].会计之友，2018（4）：85-92.

[62] 许名卉.论企业内部控制在风险管理中的作用[J].中国市场，2016（6）：74-75.

[63] 舒伟，左锐，陈颖，等.COSO风险管理框架的新发展及其启示[J].西安财经学院学报，2018，31（5）：41-47.

[64] 陈君.国有企业融合推进全面风险管理与内控体系建设的思考[J].国际商务财会，2019（6）：50-52.

[65] 崔志芳.全面风险管理导向下的内部控制评价体系框架研究[J].财会研究，2020（7）：71-74.

[66] 王作娟.物业公司风险管理识别及管控举措[J].投资与创业，2022，33（3）：211-213.

[67] 翁祖平.组织行为学在企业内控管理中的应用[J].今日财富，2021（13）：47-48.

[68] 戈献环.国有企业集团加强内部控制建设研究[J].财会学习，2016（5）：224-226.

[69] 郑石桥，徐国强，邓柯，等.内部控制结构类型、影响因素及效果研究[J].审计研究，2009（1）：81-86.

[70] 崔罡，胡志成，张庆亮，等.国家电网风险内控合规一体化运行体系的探索与实践[J].财务与会计，2021（23）：31-34.

索引